MARTINA SCHOLZ
CLARISSA v. REINHARDT

STRESS
bei Hunden

animal Learn®

VERLAG

9. Auflage 2021

ISBN-10: 3-936188-04-1
ISBN-13: 978-3-936188-04-2
Lektorat: Susanne Artmann
Fotos: Clarissa v. Reinhardt, Annette Gevatter, Anke Trobisch,
Frank Bressel, Das Fotoarchiv, istockphoto
Illustrationen: Martina Scholz, Stefan Dinter
Satz & Layout: Annette Gevatter
Druck: FINIDR, s.r.o., Český Těšín, Tschechische Republik
Alle Rechte der deutschen Ausgabe:
animal learn Verlag, Am Anger 36, 83233 Bernau
email: animal.learn@t-online.de, www.animal-learn.de

INHALT

VORWORT ZUR NEUEN AUFLAGE

Liebe Leserin, lieber Leser,

Die erste Ausgabe dieses Buches erschien 2002. Es war damals das erste Buch weltweit, das sich mit Stress bei Hunden beschäftigte und wir stießen anfangs häufig auf ungläubige Reaktionen, wenn wir über dieses Thema sprachen, denn kaum jemandem war bekannt, dass auch Tiere Stress haben können.

Inzwischen ist Fachleuten wie Laien klar geworden, dass jedes Lebewesen überfordert und somit gestresst werden kann. Auf Stress-Symptome unserer Haustiere wird deutlich mehr geachtet und man bemüht sich stärker, nach belastenden Situationen oder aufregenden Tagesaktivitäten wieder gezielt für Ruhephasen zu sorgen, in denen sich das Tier regenerieren kann.

Mancher hat es damit aber auch übertrieben und für so wenig Neureize und so viele Ruhephasen im Leben seines Hundes gesorgt, dass dieser gelangweilt wurde – oder sogar gestresst vom ewigen Nichtstun! So erreichte uns zum Beispiel ein Anruf von einer verzweifelten Hundehalterin, die von ihren Trainern die Anweisung bekommen hatte, ihren 1,5-jährigen Border Collie nicht länger als 15 Minuten spazieren zu führen, weil dieser sonst nur unnötig gestresst werde. Das Ergebnis war ein völlig unterforderter Hund, der aus lauter Langeweile und mangelnder Auslastung begonnen hatte, Möbel anzufressen, Lichtpunkte zu verbellen, übermäßig auf Geräusche von draußen zu reagieren usw.

In anderen Fällen wurden wir mit völlig überforderten Hunden konfrontiert, deren Stundenplan dem eines Spitzensportlers glich und sie derart überforderte, dass sie mit ähnlichen Verhaltensweisen reagierten.

Wie so oft liegt das richtige Maß in der sprichwörtlichen „goldenen Mitte". Ein Leben ganz ohne Aufregung wünscht sich sicher niemand – auch nicht unser Hund –, denn es wäre ein furchtbar eintöniges Leben. Ein Hund braucht, ebenso wie sein Mensch, Beschäftigung, Auslastung und die Möglichkeit, Neureize zu erkunden. Nur eben nicht in übertriebenem Maße. Wir hoffen, mit dieser überarbeiteten Neuauflage unseres Buches Hinweise darauf zu geben, wo für Sie und Ihren vierbeinigen Begleiter diese goldene Mitte zwischen Auslastung und Überlastung liegt.

Martina Scholz und Clarissa v. Reinhardt

Bernau, Februar 2012

VORWORT

Liebe Leserin, lieber Leser,

mit diesem Buch halten Sie etwas Besonderes in den Händen. Es ist eine ausführliche Arbeit über Stress bei unseren Haushunden, wie ich sie nirgendwo sonst gefunden habe.

Die Autorinnen verfügen über langjährige Erfahrung in der Ausbildung von Hunden. Durch ihr umfassendes Wissen über Hunde und über Stress im Speziellen haben sie es geschafft, sowohl die physiologischen als auch die psychologischen Aspekte des Themas leicht verständlich darzustellen. Sie haben eine sorgfältig ausgearbeitete Liste der Stressfaktoren zusammengestellt, die Ihnen Hinweise darauf gibt, welche Ereignisse Ihren Hund mehr oder weniger stark beeinflussen können. Jeder Faktor für sich genommen wird wahrscheinlich nur einen kleinen Effekt haben, wenn aber mehrere dieser Stressfaktoren zusammenkommen, kann es für die Gesundheit und Psyche Ihres Hundes gefährlich werden.

Dieses Buch vermittelt Ihnen weiterhin Wissen über verschiedene Stress-Symptome – eine wichtige Übersicht, um das Verhalten Ihres Hundes besser analysieren zu können. Viele, wenn nicht alle Verhaltensprobleme sind mehr oder weniger auf Stress zurückzuführen. Wenn Sie wissen, dass ein bestimmtes Verhalten mit Stress zu tun hat, ist es für Sie einfacher, die Stressauslöser zu finden. Und wenn Sie diese gefunden haben, gibt Ihnen dieses Buch Anregungen für die Ausarbeitung eines Anti-Stress-Programms, dem Sie folgen können!

Gleichzeitig ist es den Autorinnen gelungen, auch den wissenschaftlichen Ansatz des Themas so zu erklären, dass selbst komplexe Zusammenhänge deutlich werden. Das macht es leicht, mit diesem Buch aktiv zu arbeiten. Zusätzlich helfen zahlreiche Fallbeispiele aus dem Trainingsalltag zu verstehen, was wann wie und warum getan werden kann, wenn ein Hund unter Stress leidet.

Dieses Buch wird Ihnen viele nützliche Hinweise geben. Es wird Ihnen helfen, besser zu erkennen, was bei Ihrem Hund Stress verursacht und was Sie dagegen tun können. Es birgt einen reichen Schatz an Erfahrungen – machen Sie ihn sich zunutze!

Anders Hallgren

Psychologe und Verhaltenstherapeut für Tiere

Schweden im Dezember 2002

EINLEITUNG

Das Thema Stress ist aus der Humanmedizin und -psychologie schon lange nicht mehr wegzudenken. Wissenschaftliche Studien haben bewiesen, dass Stress zu gesundheitlichen Problemen führt, unsere zwischenmenschlichen Beziehungen belastet und uns unausgeglichen, gereizt und aggressiv gegenüber unserer Umwelt macht.

Das Leben in einer hoch technisierten, stark denaturierten Zivilisation stresst aber nicht nur uns Menschen, sondern auch unsere Hunde. Die heutigen Haltungsbedingungen verlangen viel von ihnen: Den Straßenverkehr mit immensem Geräuschpegel sollen sie meistern, das Rudeltier Hund soll stundenlang allein zu Hause bleiben und dann beim Spaziergang im öffentlichen Park durch gutes Sozialverhalten gegenüber allen Artgenossen und Menschen glänzen. Hunde sollen möglichst überallhin mitgenommen werden können, egal ob in ein Kaufhaus, ein Restaurant oder mitten in die Enge einer überfüllten U-Bahn. Sie sollen uns Menschen auf Spaziergängen im Wald begleiten, sich aber keinesfalls für Wild interessieren. Artig zu – auch fremden – Besuchern sein, aber Einbrecher verjagen. Die Liste ließe sich beliebig fortsetzen.

Auch die zunehmenden Reglementierungen durch Gesetzesvorgaben machen es unseren Hunden nicht leichter. In manchen Bundesländern ist es kaum noch möglich, sie einmal nach Herzenslust toben und sausen zu lassen, weil Herrchen und Frauchen durch die Verordnung zum Leinenzwang nicht mehr als wenige Meter Freiraum gewähren können. Uns Menschen wird empfohlen, bei zunehmendem Stress durch Joggen oder andere sportliche Aktivitäten mal richtig Dampf abzulassen! Was ist mit unseren Hunden? Wohl dem, der wenigstens einen großen Garten hat...

Zusätzlich müssen auch die meisten Hunde mit deutlich mehr Anfeindungen aus der Umwelt zurechtkommen. Wird man während eines Spaziergangs ausgesprochen unfreundlich angesprochen, so bekommt der Hund dies über die Stimmungsübertragung sehr wohl auch zu spüren und bleibt davon sicher nicht unbelastet. Besonders Halter von so genannten Kampfhundrassen (oder was manche Menschen dafür halten mögen…) oder von großen, schwarzen Hunden bemerken immer öfter, dass nicht nur sie, sondern auch ihr Hund von jedem Gassigang gestresst, statt erholt und zufrieden zurückkommt.

Die Annahme, dass all dies an unseren Hunden spurlos vorübergeht, ist unrealistisch. Betrachtet man ihr Leben, lassen sich tatsächlich viele Gründe dafür finden, dass sie gestresst sein könnten und auch wenn jeder Organismus ein gewisses Maß an Stress problemlos kompensieren kann, ist es sicher an der Zeit darüber nachzudenken, ob dieses Maß für unsere Haushunde nicht längst überschritten ist.

Das Thema wurde in Bezug auf unsere vierbeinigen Begleiter lange Zeit unterschätzt. Erst in den letzten Jahren wurde ernsthaft darüber nachgedacht, wie viel Stress ein Hund eigentlich ertragen kann, bevor es zu überschießenden Reaktionen oder gesundheitlichen Problemen kommt. Und bisher wurde kaum über Stress bei Hunden oder anderen Haustieren geforscht. Aber was tun? Alle Hunde abschaffen, weil sie nur noch als gestresste Nervenbündel herumlaufen und wir ihnen das nicht zumuten wollen? Sicher nicht!

Durch die bewusste Auseinandersetzung mit dem Thema ist der erste Schritt zur Veränderung schon getan. Wenn wir erkennen, wann und weshalb unser Hund gestresst ist, können wir Konfliktsituationen entschärfen oder sie gar nicht erst aufkommen lassen. Hierzu möchten wir mit diesem Buch einen Beitrag leisten.

Beschäftigt man sich mit dem Thema, so muss zunächst definiert werden, was Stress überhaupt ist. In dem medizinischen Fachlexikon Pschyrembel findet sich folgende Definition:

„Stress (engl. Druck, Belastung, Spannung) meint einen Zustand des Organismus, der durch ein spezifisches Syndrom (erhöhte Sympathikusaktivität, vermehrte Ausschüttung von Katecholaminen, Blutdrucksteigerung u.a.) gekennzeichnet ist, jedoch durch verschiedenartige unspezifische Reize (Infektionen, Verletzungen, Verbrennungen, Strahleneinwirkung, aber auch Ärger, Freude, Leistungsdruck und andere Stressfaktoren) ausgelöst werden kann. Unter Stress kann man auch die äußeren Einwirkungen selbst verstehen, an die der Körper nicht in genügender Weise adaptiert ist. Psychischer Stress entsteht in Folge einer Diskrepanz zwischen spezifischen Anforderungen und subjektivem Bewältigungsverhalten (coping). Andauernder Stress kann zu Allgemeinreaktionen im Sinne eines allgemeinen Anpassungssyndroms führen."

WAS IST STRESS?
Die meisten Definitionen beschreiben Stress als einen Zustand, in dem ein Organismus auf eine innere oder äußere Bedrohung reagiert und seine Kräfte darauf konzentriert, die Gefahrensituation zu bewältigen.

Demnach ist Stress also ein Sammelbegriff für eine Vielzahl unterschiedlicher Einzelphänomene, für die ein Zustand erhöhter Aktivierung des Organismus kennzeichnend ist. Im neutralen Sinne bezeichnet Stress die unspezifische Anpassung des Organismus an jede Anforderung, das heißt eine Anpassungsleistung. Die meisten Definitionen beschreiben Stress als einen Zustand, in dem ein Organismus auf eine innere oder äußere Bedrohung reagiert und seine Kräfte darauf konzentriert, die Gefahrensituation zu bewältigen. Stress hat es schon immer gegeben, und er kann aus evolutionärer Sicht als überlebenswichtige Reaktion auf Reize angesehen werden, durch die auch eine Anpassung an veränderte Umweltbedingungen erreicht wurde.

Dabei bezeichnet Stress ein ambivalentes Phänomen, für das der Stressforscher H. Selye die Unterscheidung zwischen Eustress und Distress eingeführt hat. Eustress ist eine notwendige Aktivierung des Organismus, die das Tier (oder den Menschen) zur Nutzung seiner besten Energien führt und damit auch eine Fortentwicklung eigener Fähigkeiten ermöglicht. Distress meint dagegen ein schädigendes Übermaß an Anforderungen an den Organismus. In den letzten Jahrzehnten wird der Begriff Stress vor allem im Zusammenhang mit einer Verminderung des Wohlbefindens, der Leistungsfähigkeit und der Gesundheit genannt. Mit anderen Worten: Sprach man von Stress, war praktisch immer Distress gemeint.

Stress findet seinen Ausdruck auf allen Ebenen des Organismus:
- physiologisch, zum Beispiel in Schweißausbrüchen, Herzklopfen usw.
- im Verhalten, zum Beispiel durch Aggressionen, Erregung oder Unruhe
- im Erleben, zum Beispiel in der Bewertung des eigenen Zustands

Er kann sich in allen Lebensbereichen und Situationen und auch in allen Altersstufen manifestieren. Das Erleben von Stress und auch die vom Organismus entwickelten Bewältigungsstrategien können bei Menschen wie bei Hunden individuell verschieden sein. Erleben zum Beispiel mehrere

Hunde die gleiche Situation, so kann es sein, dass einige sie gar nicht als belastend empfinden, während andere deutlich gestresst reagieren. Von denen, die gestresst reagieren, können ganz unterschiedliche Symptome und Bewältigungsstrategien gezeigt werden. In den situationsspezifischen Konzepten der Stressforschung konzentriert man sich vor allem auf die auslösenden Reizsituationen, die so genannten Stressoren.

Man unterscheidet:

- Äußere Stressoren wie Überflutung der Sinnesorgane mit Reizen oder den Entzug von Reizen (Deprivation), Schmerzreize und reale oder simulierte Gefahrensituationen.

- Entzug von Nahrung, Wasser, Schlaf, Bewegung, so dass primäre Bedürfnisse nicht mehr befriedigt werden können.

- Leistungsstressoren, zum Beispiel Überforderung, Unterforderung, Angst vor bevorstehenden Prüfungen, Angst vor möglichem Versagen, vor Zurechtweisung oder Strafe.

- Soziale Stressoren wie zum Beispiel Isolation bei der dauerhaften Ausgrenzung des Hundes aus unserem Lebensumfeld. Auch das Zusammenleben von Hunden oder von Mensch und Hund mit mangelnder Passung stresst.

- Vornehmlich psychische Stressoren wie Konflikte, Unkontrollierbarkeit, Angst, Trauer, Trennungsangst und Erwartungsunsicherheit.

- Innere Stressoren wie Krankheiten, Behinderungen.

Größere Veränderungen der Lebensumstände wie der Tod einer Bezugsperson, Umzug etc. können ebenso als Stressoren erfahren werden wie kleine Widrigkeiten des Alltags, wenn diese sich summieren.

Die Reaktion auf Stress kann in drei aufeinander folgende Phasen unterteilt werden:

Die Alarmreaktionsphase
In dieser Phase führt das Zusammenspiel von Nervenimpulsen und Hormonausschüttungen zur optimalen Reaktionsbereitschaft.

Die Widerstandsphase
In dieser zweiten Phase ist der Widerstand gegenüber dem Auslöser erhöht und gegenüber anderen Reizen herabgesetzt. Dies bedeutet, dass der Bewältigungsversuch zu Lasten der Widerstandsfähigkeit gegenüber anderen Stressoren geht.

Die Erschöpfungsphase
Hält der Stress zu lange an, kann der Organismus ihm trotz der ursprünglich erfolgten Anpassung nicht mehr standhalten. Die Symptome der Alarmreaktion aus Phase 1 stellen sich wieder ein, sind jetzt aber dauerhaft. Diese anhaltende Hochspannung kann im Zusammenwirken mit anderen Risikofaktoren zur Ausbildung organischer Krankheiten und im Extremfall sogar zum Tod führen.

Nehmen wir also an, am heutigen Tag wird ein Hund im Tierheim abgegeben, weil sein Besitzer ihn nicht mehr halten kann oder will. Der Hund verliert somit nicht nur seine Bezugsperson, sondern auch sein gesamtes soziales Umfeld, die gewohnte Umgebung, seine angestammten Spazierwege, vertraute Tagesabläufe. Gleichzeitig findet er sich in einer Umgebung – dem Tierheim – wieder, die ihm fremd ist, in der er sich vollständig neu orientieren und Sicherheit aufbauen muss. In den meisten Tierheimen ist es zusätzlich ziemlich laut, der Bewegungsspielraum in den Zwingern oder Boxen ist sehr eingeschränkt, es gibt kaum Rückzugsmöglichkeiten und häufig riecht es auch streng, schon für unsere Nase. Man kann sich also leicht vorstellen, dass der Stresslevel dieses Hundes enorm steigt, der gesamte Organismus ist in Alarmreaktionsbereitschaft.

Bleibt dieser Hund nun für einige Zeit im Tierheim, gewöhnt er sich scheinbar an die Situation. Das Bellen im Hundetrakt, der Geruch, die Enge scheinen ihm nicht mehr so viel auszumachen wie anfangs. Gleichzeitig kann man aber beobachten, dass er gegenüber Artgenossen nicht mehr so gelassen und souverän reagiert, wie man es von ihm gewohnt war, und bei den Gassi-Gängen pöbelt er plötzlich Jogger und Radfahrer an, was er früher nicht getan hat. Mit anderen Worten: Der Hund befindet sich in der Widerstandsphase. Seine Toleranz gegenüber den Reizen im Tierheim ist gestiegen, dafür hat er aber weit weniger Reserven, wenn es um die Begegnung mit weiteren Anforderungen geht.

Schließlich kann es passieren, dass der Hund in die Erschöpfungsphase gerät, wenn sich über einen längeren Zeitraum keine Verbesserung seiner Lebensumstände erreichen lässt. Man liest dann traurige Meldungen wie „Der Deutsche Schäferhund Jerry ist seit Jahren im Tierheim, nun hat er alle Hoffnung verloren und gibt sich auf. Wer kann ihm helfen?" in den Tierschutzverteilern im Internet. Diese Hilferufe für Hunde, die sich – neudeutsch ausgedrückt – im Burnout befinden, lassen erahnen, welch unglaubliche Stressbelastung sich in ihnen aufgebaut hat.

WAS PASSIERT EIGENTLICH IM KÖRPER, WENN MAN IN STRESS GERÄT?

Sobald der Körper in Stress gerät, werden verschiedene Hormone ausgeschüttet, die man zusammengefasst als Stresshormone bezeichnen kann. Sie verändern zahlreiche Körperfunktionen. Um diese Veränderungen besser verstehen zu können, ist es notwendig, zunächst den Normalzustand zu betrachten. Um den Normalzustand, die so genannte Homöostase aufrechtzuerhalten, gibt es im Körper verschiedene Regelkreise mit negativer Rückkoppelung. Das bedeutet: Sobald ein Hormon ausgeschüttet wird und eine bestimmte Konzentration im Blut erreicht, hemmt dieses Hormon gleichzeitig jene Faktoren, die die Ausschüttung dieses Hormons fördern. Mit anderen Worten hemmt das Hormon ab einer gewissen Konzentration seine eigene Neubildung. So wird unter Normalbedingungen erreicht, dass die Konzentration im Blut auf eine konstante Größe reguliert wird.

Für das Hormon Cortisol, das bei Stress vermehrt ausgeschüttet wird, kann man diesen Regelkreis wie folgt beschreiben: Die oberste Instanz zur Regulierung der wichtigsten Körperfunktionen, wie die Wärmeregulation, der Schlaf-Wach-Rhythmus, die Blutdruck- und Atmungsregulation, die Steuerung der Nahrungsaufnahme, des Fettstoffwechsels und des Wasserhaushalts ist der Hypothalamus, ein Teil des Zwischenhirns. Im Hypothalamus werden Botenstoffe, so genannte Hypothalamushormone gebildet und bei Bedarf ausgeschüttet. Ein solches Hormon ist das **C**orticotropin-**R**eleasing-**H**ormon (**CRH**). Das vom Hypothalamus ausgeschüttete CRH wird direkt zur Hirnanhangdrüse, der Hypophyse, transportiert. In der Hypophyse wird ein weiterer Botenstoff, das **A**dreno-**C**orticotropin-**H**ormon (**ACTH**)

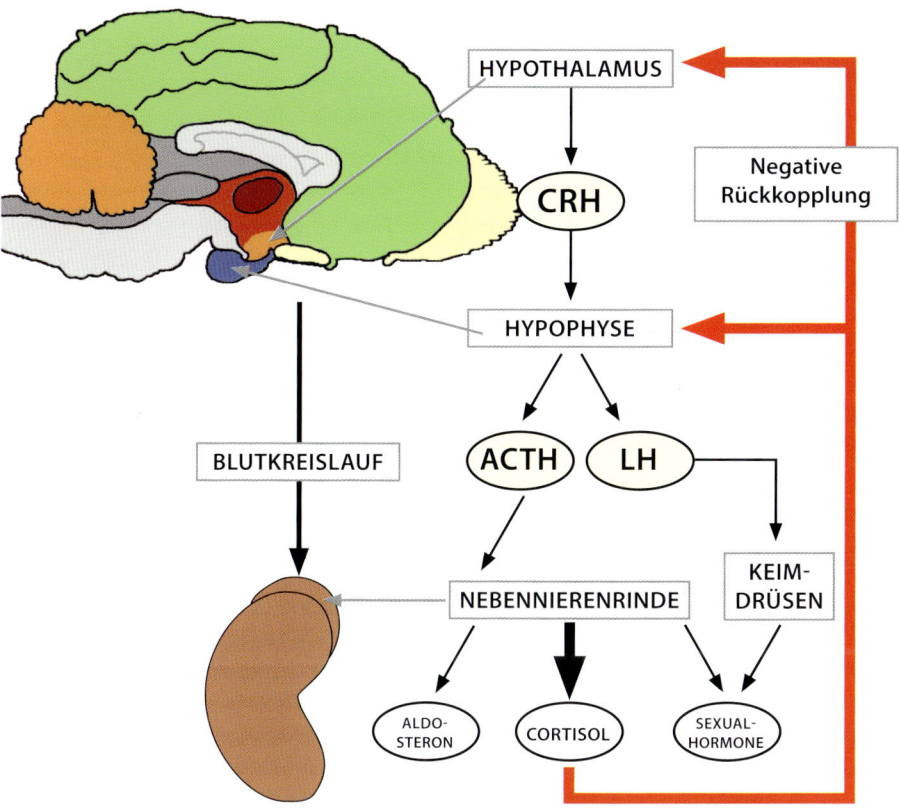

in den Blutkreislauf abgegeben. Mit dem Blut gelangt das ACTH zur Nebennierenrinde und bewirkt dort unter anderem, dass Cortisol ausgeschüttet wird.

Wird vermehrt Cortisol ausgeschüttet, kommt es zu dem oben erwähnten negativen Rückkoppelungsprozess, denn das ausgeschüttete Cortisol hemmt die weitere Bildung von ACTH und somit die weitere Freisetzung von Cortisol. Dies ist wichtig, damit es nicht zu einer Überproduktion von Cortisol im Körper kommt (siehe Grafik 1).

Grafik 1:
Darstellung
der negativen
Rückkoppelung
am Beispiel des
Cortisols

Cortisol gehört zur Gruppe der Glucocorticoide, die eine Erhöhung der Konzentration von Glucose (daher der Name GLUCO-Corticoide), Aminosäuren, freien Fettsäuren und Harnstoff im Blut bewirken. Dadurch wird für alle Körperzellen mehr Energie bereitgestellt. Gleichzeitig beeinträchtigt Cortisol die körpereigenen Abwehrkräfte, indem es die Proteinsynthese (den Eiweißaufbau) der Lymphozyten hemmt und so weniger Abwehrzellen zur Verfügung stehen. Die bekannteste Eigenschaft des Cortisols ist die entzündungshemmende Wirkung. Sie entsteht durch eine Blockade von Entzündungsbotenstoffen, der so genannten Zytokine.

Neben dem Cortisol bildet die Nebennierenrinde noch weitere Hormone. Das zu den Mineralcorticoiden gehörende Aldosteron hat durch die Regulierung der Mineralstoffe Kalium und Natrium eine wichtige Funktion im Wasserhaushalt des Organismus. In geringen Mengen werden auch von der Nebennierenrinde anabole Sexualhormone wie zum Beispiel Testosteron ausgeschüttet. Testosteron hat eine anabole, das heißt eine Muskel aufbauende Wirkung und beeinflusst auch die Psyche. Eine höhere Konzentration von Testosteron, vor allem durch die Hormonproduktion im Hoden der männlichen Tiere, steht zum Beispiel in Zusammenhang mit einer höheren Aggressionsbereitschaft, wofür es besonders im Tierreich zahlreiche Beispiele gibt.

Durch Stress wird der Normalzustand des Regelkreises verändert. Die erste Reaktion des Körpers auf Stress, sei es durch emotionale Anspannung oder durch große körperliche Anstrengung, ist die Ausschüttung von Adrenalin aus dem Nebennierenmark. Dies geschieht durch Erregung des Sympathikus, einem Teil des vegetativen Nervensystems. Die Aktivierung des Sympathikus und die damit verbundene Adrenalinfreisetzung erfolgt unbewusst und innerhalb von Sekundenbruchteilen. Sicher kennt jeder Mensch das

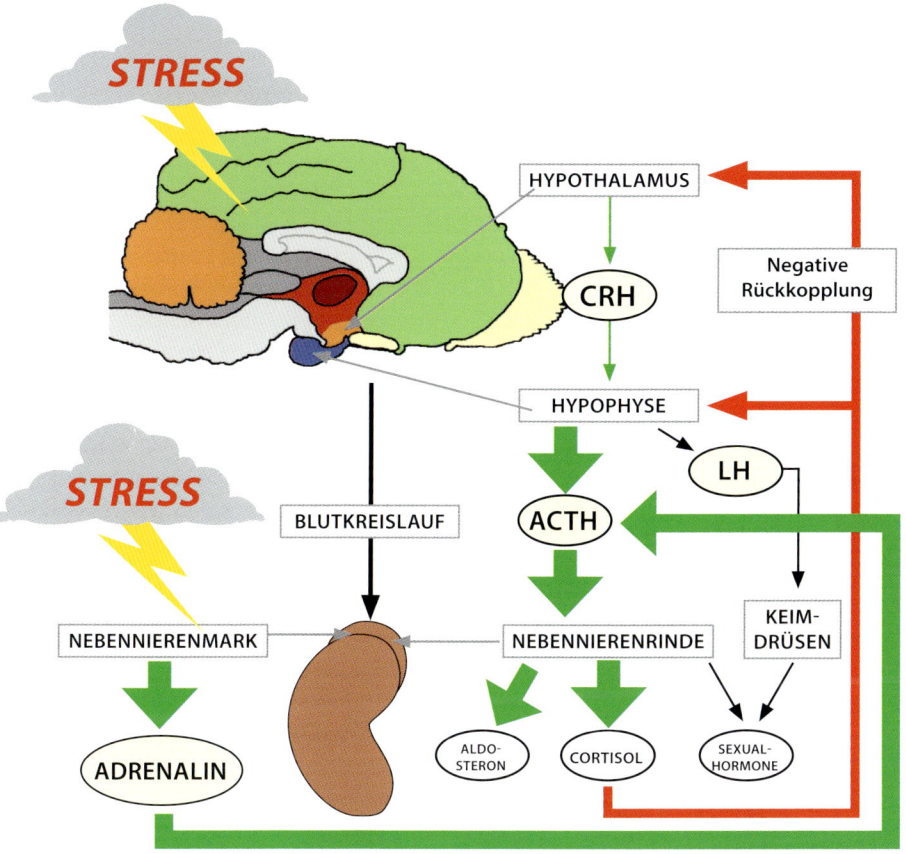

STRESS

HYPOTHALAMUS

CRH

Negative
Rückkopplung

HYPOPHYSE

LH

STRESS

BLUTKREISLAUF

ACTH

NEBENNIERENMARK

NEBENNIERENRINDE

KEIM-
DRÜSEN

ADRENALIN

ALDO-
STERON

CORTISOL

SEXUAL-
HORMONE

Kribbeln und das „Rauschen des Blutes" in den Adern, wenn man plötzlich erschrickt. Dies ist auf die Wirkung des Adrenalins zurückzuführen. Adrenalin, ein zu den Katecholaminen gehörender Botenstoff (Neurotransmitter), verursacht zahlreiche Veränderungen im Körper, wie die Steigerung der Pulsfrequenz und der Herzleistung, die Erhöhung des systolischen Blutdrucks und des Blutzuckerspiegels, die Erweiterung der Bronchien und der Pupillen sowie eine Förderung des Sauerstoffverbrauchs und eine Vermehrung der freien Fettsäuren im Blut. Außerdem wirkt Adrenalin auf die Hy-

Grafik 2:
Darstellung der
Auswirkung von
Stress auf den
Regelkreis

pophyse, wo es eine vermehrte Freisetzung des Botenstoffs ACTH verursacht, und damit indirekt auch auf die Nebennierenrinde, die vermehrt Stresshormone wie Cortisol an das Blut abgibt (siehe Grafik 2).

Stress führt also über das endokrine System, das heißt über das Hormonsystem, zu einer Erhöhung des Blutdrucks und zu einer Steigerung der Herzleistung und -frequenz. Gleichzeitig wird durch die Hormonwirkung den Körperzellen mehr Energie in Form von Glukose und freien Fettsäuren zur Verfügung gestellt. Mit anderen Worten führt Stress zunächst zu einer optimalen Leistungsbereitschaft. Dies kann man als biologischen Sinn des Stresses bezeichnen, denn in der Natur ist es überlebenswichtig, dass der Organismus auf einen Schreck oder auf starke Anspannung mit optimaler Leistungsbereitschaft reagiert. Nur so kann sich ein Individuum zum Beispiel durch Flucht retten oder ein Beutegreifer bei der Jagd erfolgreich sein. Diese Form des Stresses kann man auch als positiven Stress oder Eustress bezeichnen.

REAKTIONEN AUF STRESS
Zunächst reagiert der Organismus auf anhaltenden Stress mit starker Erschöpfung. Wenn danach keine längere Erholungsphase möglich ist, muss mit so genannten Anpassungskrankheiten gerechnet werden.

Natürlich kann der Körper diesen Alarmzustand nicht beliebig lange aufrechterhalten und so kommt es zu negativen Auswirkungen, wenn die starke Anspannung länger anhält oder es häufig zu einer Schreck- oder Schocksituation kommt. Zunächst kommt es während der Widerstandsphase zu einer verminderten Toleranz gegenüber neuen Stressreizen. Dauert die Belastung an, reagiert der Organismus auf Stress mit starker Erschöpfung. Wenn danach keine längere Erholungsphase möglich ist, muss mit so genannten Anpassungskrankheiten gerechnet werden.

Ein Hauptverursacher der Anpassungskrankheiten ist Cortisol. Normalerweise hat Cortisol eine Halbwertzeit von 20 Minuten, das heißt, nach 20 Minuten ist der Cortisolspiegel im Blut auf die Hälfte gefallen. Tierversuche haben ergeben, dass unter Stresseinwirkungen die negative Rückkoppelung der Cortisolausschüttung nicht mehr funktioniert und so innerhalb weniger Tage vier Mal mehr Cortisol nachzuweisen war als normalerweise. Befand sich das Tier in einer Situation, die ein dauerhaftes Gefühl der Erwartungsunsicherheit und/ oder Hilflosigkeit verursachte, verstärkte sich dieser Effekt enorm. In der Humanmedizin geht man heute übrigens davon aus, dass Depressionen unter anderem auf diesen Effekt zurückzuführen sind.

In genau dieser Situation der Erwartungsunsicherheit und Hilflosigkeit befindet sich unser Hund aber tatsächlich häufig. Zum Beispiel kann er den Verlauf von Situationen, die von uns Menschen gesteuert werden, nicht einschätzen. Oft ist es zusätzlich so, dass wir die Situation nicht mit dem nötigen fachlichen Wissen erfassen und uns deshalb unangemessen verhalten. In große Erwartungsunsicherheit kann man den Hund beispielsweise stürzen, wenn man meint, ihm etwas Gutes damit zu tun, dass man ihn nicht regelmäßig füttert, sondern ihn das Futter bei unterschiedlichen Gelegenheiten ausschließlich erarbeiten lässt. Wenn für den Hund hierbei kein Muster und keine Regelmäßigkeit erkennbar sind, befindet er sich bezüglich einer überlebenswichtigen Ressource – nämlich Futter – in Erwartungsunsicherheit. Andererseits sollte man es sich auch nicht zur Gewohnheit machen, den Hund immer auf die Minute exakt zur selben Zeit zu füttern, denn Hunde haben eine sehr genaue innere Uhr. Hält man die gewohnte Zeit einmal nicht genau ein, kann auch das ein Stressauslöser sein.

Das Gefühl der Hilflosigkeit vermitteln wir unserem Hund auch dann, wenn er durch eine kurz gehaltene Leine, das Führen am Halti oder Ähnlichem daran gehindert wird, adäquat auf eine Situation zu reagieren. Der Hund möchte gern Distanz zwischen sich und den anderen bringen oder einen Bogen laufen, wird daran aber gehindert, oftmals sogar nach dem Motto „Da muss er durch!" genau in die Situation hinein geführt, die er vermeiden möchte.

Ein dauerhaft erhöhter Cortisolspiegel im Blut führt zu einer Verminderung der körpereigenen Abwehrkräfte. Eine weitere Folge sind häufig Magen-Darm-Erkrankungen wie Magengeschwüre und chronischer Durchfall. Langfristig kann die Nebenniere stark geschädigt werden. Auch Veränderungen des Herz-Kreislauf-Systems wie Bluthochdruck, Herzinfarkt und Schlaganfall und viele weitere Krankheiten können auf anhaltenden Stress zurückgeführt werden. Ebenfalls in Zusammenhang mit dauerhaft erhöhtem Cortisolspiegel stehen Fortpflanzungsstörungen. Sowohl für das Reifen der Eizellen bei weiblichen Tieren als auch für die Produktion von Testosteron und die Entwicklung der Spermien bei männlichen Tieren ist ein Botenstoff der Hirnanhangdrüse, das so genannte luteinisierende Hormon LH, notwendig. Durch Cortisol wird die Ausschüttung von LH gehemmt und damit das Reifen von Eizellen bzw. Spermien in den Keimdrüsen (Eierstöcken beim weiblichen, Hoden beim männlichen Tier) unterdrückt. Die Probleme bei der Nachzucht von Tieren in Gefangenschaft, wie zum Beispiel im Zoo, kann man auf diesen Effekt zurückführen.

Durch das ebenfalls von der Nebennierenrinde ausgeschüttete Aldosteron kann es langfristig zu Verschiebungen im Mineralstoff- und Wasserhaushalt kommen, was sich auch durch erhöhten Blutdruck bemerkbar macht.

Hinzu kommt noch ein weiteres Problem: Ein gestresster Organismus reagiert mit geschärften Sinnen, weshalb wir, wenn wir gestresst sind, den Fernseher schnell als zu laut oder das eingeschaltete Licht im Wohnzimmer als zu grell empfinden usw. Beim Hund macht sich das dadurch bemerkbar, dass er sensibilisierter auf Geräusche, Bewegungen usw. reagiert. Und leider handelt es sich hierbei um die sprichwörtliche Katze, die sich in den Schwanz beißt, denn:

STRESS schärft die Sinne

geschärfte Sinne **STRESS** begünstigen

Ist dieser Vorgang des Copings nicht mehr möglich, kommt es zu Anpassungskrankheiten wie oben beschrieben und man spricht von Distress (siehe Grafik 3).

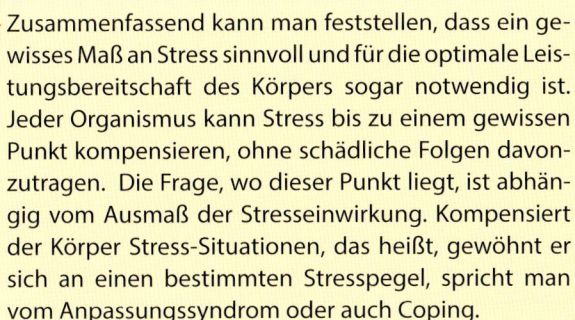

Zusammenfassend kann man feststellen, dass ein gewisses Maß an Stress sinnvoll und für die optimale Leistungsbereitschaft des Körpers sogar notwendig ist. Jeder Organismus kann Stress bis zu einem gewissen Punkt kompensieren, ohne schädliche Folgen davonzutragen. Die Frage, wo dieser Punkt liegt, ist abhängig vom Ausmaß der Stresseinwirkung. Kompensiert der Körper Stress-Situationen, das heißt, gewöhnt er sich an einen bestimmten Stresspegel, spricht man vom Anpassungssyndrom oder auch Coping.

Grafik 3:
Positive und
negative Folgen
von Stress

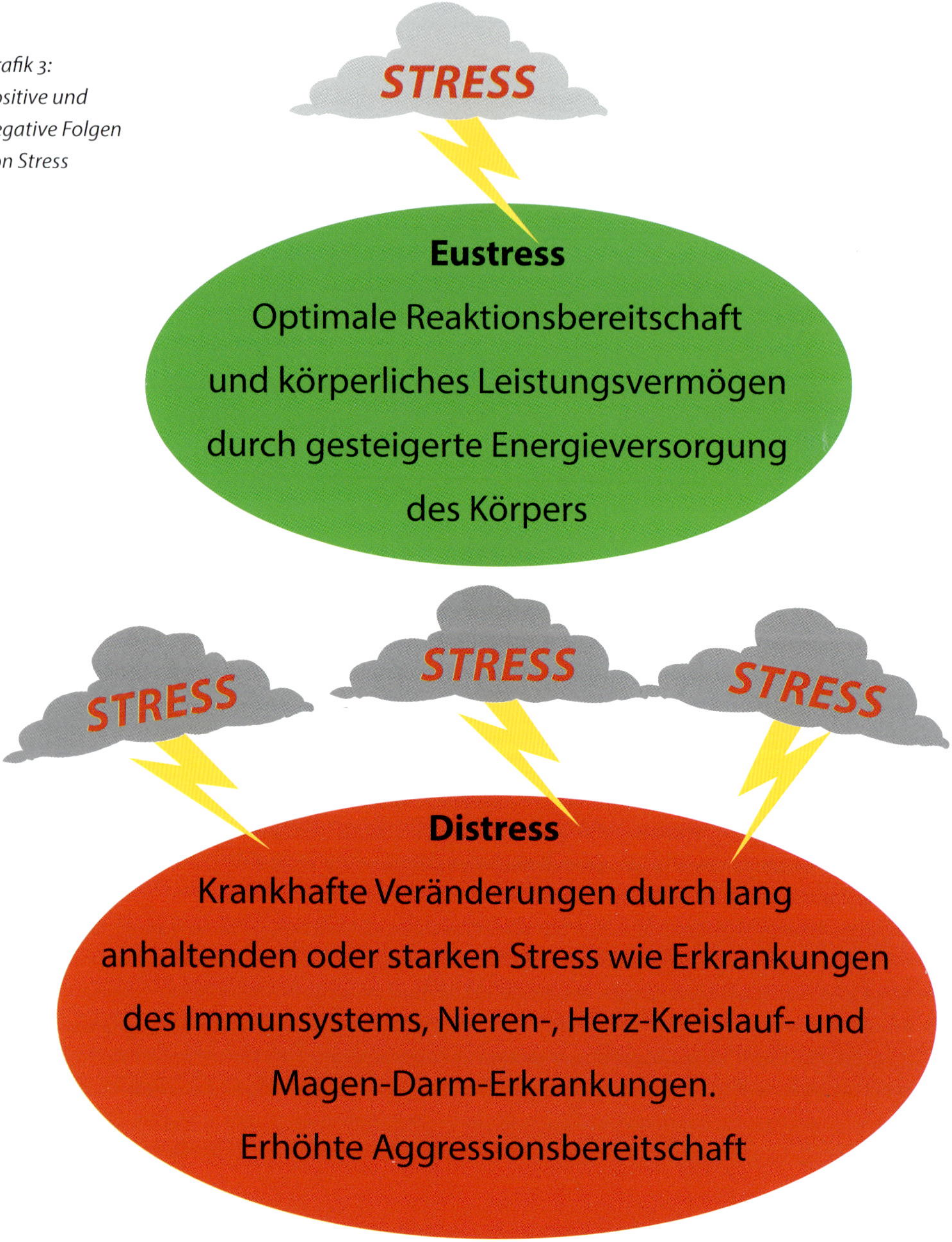

STRESS

Eustress

Optimale Reaktionsbereitschaft
und körperliches Leistungsvermögen
durch gesteigerte Energieversorgung
des Körpers

STRESS

STRESS

STRESS

Distress

Krankhafte Veränderungen durch lang
anhaltenden oder starken Stress wie Erkrankungen
des Immunsystems, Nieren-, Herz-Kreislauf- und
Magen-Darm-Erkrankungen.
Erhöhte Aggressionsbereitschaft

In Grafik 3 wird neben den verschiedenen stressbedingten Erkrankungen eine erhöhte Aggressionsbereitschaft als mögliche Folge von Stress aufgeführt. Auch das ist auf die Hormonausschüttung zurückzuführen. Verantwortlich ist hier unter anderem das Sexualhormon Testosteron. Neuere Studien an Hunden zeigen, dass in bestimmten Stresssituationen trotz der erhöhten Cortisolausschüttung auch ein erhöhter Testosteronspiegel nachweisbar ist. Ein anschauliches Beispiel für die durch Testosteron erhöhte Aggressionsbereitschaft lässt sich bei den Tierarten finden, die eine auf wenige Wochen im Jahr beschränkte Paarungszeit haben, wie zum Beispiel Rotwild. Häufig sind es hier die Männchen, die ein oder mehrere Weibchen um sich scharen und jetzt besonders ablehnend und aggressiv auf andere Männchen reagieren. Sie sind nun ständig bereit, ihre Weibchen gegen Rivalen zu verteidigen.

Dieses Verhalten tritt nur während der Paarungszeit auf und steht in engem Zusammenhang mit dem zu dieser Zeit natürlicherweise erhöhten Hormonspiegel. Dieser Mechanismus macht es möglich, dass die männlichen Tiere außerhalb der Paarungszeit untereinander weitgehend verträglich sind und keine unnötigen Kämpfe ausfechten. Man kann hier also von einer durchaus sinnvollen Koppelung von Sexualhormonen und Aggressionsbereitschaft sprechen.

Anders verhält es sich bei Hunden: Die Rüden sind, anders als bei den Wölfen, an keine spezielle Paarungszeit gebunden und reagieren das ganze Jahr über auf läufige Hündinnen. Leben in ihrer Umgebung viele Hündinnen, kommt es natürlich sehr häufig vor, dass eine von ihnen läufig ist und der Rüde entsprechend durch einen erhöhten Testosteronspiegel auch eine erhöhte Aggressionsbereitschaft gegen andere männliche Hunde zeigt.

Auch lang anhaltender Stress oder häufig wiederkehrende Stress-Situationen können unter bestimmten Umständen zu einem erhöhten Sexualhormonspiegel im Blut führen. Das Testosteron wird in diesem Fall durch die Nebennierenrinde ausgeschüttet, deshalb lassen sich erhöhte Blutspiegel bei beiden Geschlechtern feststellen. In der Folge zeigen betroffene Hunde häufig eine niedrigere Reizschwelle für aggressives Verhalten. Das bedeutet nicht, dass jeder gestresste Hund immer und sofort aggressiv reagiert. Es kann aber bedeuten, dass der Hund in bestimmten Situationen heftiger reagiert als sonst und mit bisher problemlosen Begegnungen wie zum Beispiel mit Joggern, Radfahrern oder anderen Hunden nicht mehr umgehen kann.

Ein durch Stress und/ oder durch die ständige Begegnung mit läufigen Hündinnen dauerhaft erhöhter Testosteronspiegel bleibt nicht ohne gesundheitliche Folgen. Eine mögliche Folgeerkrankung ist beim Rüden die Vergrößerung der Prostata. Anders als beim Menschen macht sich dies nicht durch eine Verengung der Harnröhre, also Probleme beim Wasserlassen bemerkbar. Beim Rüden drückt die vergrößerte Prostata auf den Enddarm und verursacht Probleme beim Absetzen des Kotes.

REAKTIONEN AUF STRESS
Wenn ein Hund bald nach Betreten des Hundeplatzes Kot absetzen muss, obwohl er gerade von einem ausgiebigen Spaziergang kommt, ist oft Aufregung und/ oder Stress die Ursache.

Auch andere Symptome oder Verhaltensweisen, die man beim Hund beobachten kann, stehen in direktem Zusammenhang mit der Auswirkung von Stress. So hat zum Beispiel der Ausspruch „Ich mache mir vor Angst in die Hose" durchaus einen physiologischen Hintergrund und gilt gleichermaßen für Mensch und Tier. Durch große Angst oder durch einen plötzlichen Schreck wird über die Adrenalinausschüttung und die Aktivierung des sympathischen Nervensystems dem Enddarm signalisiert, Kot abzusetzen.

Wenn ein Hund bald nach Betreten des Hundeplatzes Kot absetzen muss, obwohl er gerade von einem ausgiebigen Spaziergang kommt, ist oft Aufregung und/ oder Stress die Ursache. Man könnte hier vom beinahe schon obligatorischen „Trainingshaufen" sprechen. Keinesfalls ist es sinnvoll, den Hund dafür auszuschimpfen oder gar zu bestrafen, dass er mal muss! Auch die auf vielen Hundeplätzen üblichen Ermahnungen an den Hundehalter, seinen Vierbeiner keinesfalls „...auf den Platz scheißen" zu lassen, geschweige denn die Unsitte, Geldstrafen für die Vereinskasse zu fordern, muten geradezu absurd an, wenn man die Ursache für dieses Koten kennt. Auch das Argument, andere Hunde auf dem Platz würden durch die Geruchsmarkierungen (sei es durch Kot oder Urin) abgelenkt und könnten sich dann nicht mehr richtig auf ihre Kommandos und Anweisungen konzentrieren, ist bei näherer Betrachtung unsinnig. Denn wo können wir schließlich mit unserem Hund spazieren gehen, ohne dass er durch Tausende von Geruchsmarkierungen abgelenkt würde, und trotzdem soll er – selbstverständlich! – auf Kommandos reagieren und gehorchen. Hat Ihr Hund also auf dem Hundeplatz das Bedürfnis, einen Haufen zu machen, lassen Sie ihn dies bitte in aller Ruhe tun, ohne ein schlechtes Gewissen zu haben. Wird diese „Hinterlassenschaft" anschließend von Ihnen entsorgt, gibt es auch keine Probleme mit der Verunreinigung des Trainingsgeländes.

> **REAKTIONEN AUF STRESS**
> Ein Rüde, der ständig und überall auf dem Hundeplatz markiert, ist nicht unbedingt „dominant", sondern steht eventuell unter starkem Stress.

Auf Ausstellungen kann man sehr häufig Hunde beobachten, die an Durchfall leiden. Auch hier ist die Ursache meistens Stress. Die Enge und der Lärm in den Ausstellungsräumen,

verbunden mit den vielen fremden Menschen und Artgenossen überfordern viele Hunde. Durch den andauernden
Stress wird der Wasserhaushalt derartig aus dem Gleichgewicht gebracht, dass es zu Durchfall kommt.

Werden dem Hund häufig solche Situationen zugemutet,
sind chronische Durchfälle die Folge. Nicht selten konsultiert
der ratlose Hundehalter dann diverse Tierärzte, probiert die
verschiedensten Diäten oder Heilmittel aus, ohne zu einem
zufrieden stellenden Ergebnis zu gelangen. Kein Wunder,
denn Ursache des Durchfalls ist nicht eine Darminfektion,
sondern Stress.

Auch Blase und Nieren werden von Stresshormonen beeinflusst. Das bei Stress ausgeschüttete Aldosteron bewirkt
zusammen mit Adrenalin eine Anregung der Nierentätigkeit
und so eine verstärkte Wasserausscheidung. Ein Rüde, der
ständig und überall auf dem Hundeplatz uriniert, ist nicht
unbedingt „dominant", sondern steht eventuell unter starkem Stress.

Auch andere für den Hund belastende Situationen machen
sich durch vermehrten Harndrang bemerkbar. Der Dalmatinerrüde Dandy zum Beispiel muss nicht oft allein zu Hause
bleiben. Ist dies aber doch einmal der Fall, gibt er bei der
Rückkehr seiner Halterin deutlich zu verstehen, dass er raus
muss, obwohl es eigentlich noch nicht an der Zeit für die
nächste Gassi-Runde ist. Endlich draußen, bleibt er deutlich
länger als üblich am nächsten Baum stehen, um seine Blase
zu entleeren. Auch uns Menschen geht es nicht anders. Ob
Führerscheinprüfung oder Gang zum Traualtar – meistens
wird kurz vorher noch die Toilette aufgesucht...

Permanenter Stress kann auch an Blase und Nieren Krankheiten hervorrufen. Vor allem, wenn die Möglichkeit fehlt, die Blase ausreichend häufig zu entleeren, kann der ständige Druck auf die Blase zu Inkontinenz führen, was bedeutet, dass der Hund den Urin nicht mehr kontrolliert halten kann und unsauber wird. Durch den anhaltenden Druck in der Blase staut sich der Urin im Nierenbecken, wodurch auch die Niere geschädigt werden kann.

Ist ein Hund häufig krank, leidet er an Allergien oder infiziert er sich grundsätzlich mit jedem Magen-Darm-Virus, der im Umlauf ist, muss an eine Erkrankung des Immunsystems gedacht werden. Wie schon erwähnt, kann das bei Stress ausgeschüttete Cortisol das Immunsystem schwächen.

Auch ein Hund, der ständig hechelt, hat eventuell ein Stressproblem. Durch die Adrenalinwirkung werden Kreislauf und Atmung beschleunigt, was sich beim Hund neben einem erhöhten Puls auch durch Hecheln bemerkbar macht. Hechelt ein Hund zum Beispiel permanent beim Autofahren, so muss nicht nur die Innenraumtemperatur überprüft werden, sondern auch, ob der Hund grundsätzlich Angst vor dem Mitfahren im Auto hat und deshalb stressbedingt hechelt.

WICHTIG: Nicht nur die bisher geschilderten Beispiele von Hunden, die mit Überforderung, Angst oder Krankheit zu tun hatten, verweisen auf Stress als Ursache. Selbst Erlebnisse, die wir als positiv bewerten würden, wie zum Beispiel das Spielen mit dem Ball, können Stress auslösen. Sehr positive, überraschende Ereignisse regen nicht nur Hunde, sondern auch uns Menschen auf.

Stellen Sie sich vor, jemand überbringt Ihnen die Nachricht, dass Sie fünf Millionen Euro im Lotto gewonnen haben. Würden Sie da ruhig sitzen bleiben und denken „...ach Gott, das ist ja nett..."? Bestimmt nicht! Sie würden jubeln, sich freuen, Ihr Pulsschlag wäre beschleunigt, Sie wären aufgeregt. Oder denken Sie an ein Kind, das heute seinen Geburtstag feiert. Viele Freunde sind eingeladen, es gibt Geschenke, Verwandte kommen zu Besuch, Spiele werden gespielt. Dieser kleine Mensch steht den ganzen Tag im Mittelpunkt des Geschehens – und ist entsprechend aufgekratzt, kann abends nicht einschlafen, muss immer wieder von all diesen vielen Erlebnissen erzählen, ehe er sich schließlich beruhigen kann. Und nun stellen Sie sich mal vor, Sie würden mit diesem Kind eine Woche lang jeden Tag Geburtstag feiern... es würde gar nicht mehr zur Ruhe kommen.

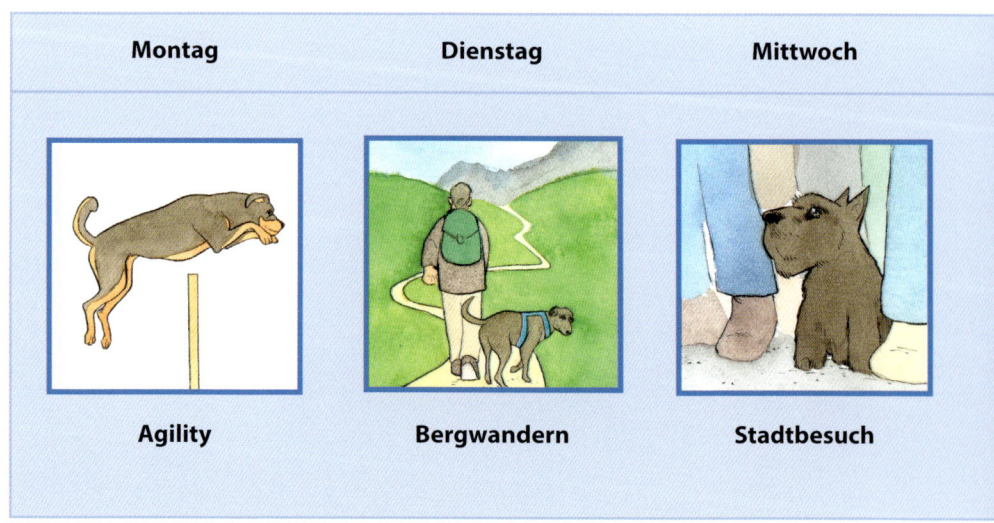

Montag	Dienstag	Mittwoch
Agility	Bergwandern	Stadtbesuch

Sieht man sich den „Stundenplan" einiger Hunde an, so drängt sich einem genau dieses Bild auf. Montag: Agility in der Gruppe. Dienstag: Bergwandern mit sechs weiteren Hunden. Mittwoch: Stadtbesuch inkl. Einkaufsbummel durch die Kaufhäuser mit anschließendem Essen im Lokal. Donnerstag: Obedience in einer gemischten Hundegruppe. Freitag: Laufen am Fahrrad, denn der Hund soll ja seinen Auslauf bekommen. Und jetzt haben wir endlich Wochenende und können mit unserem vierbeinigen Freund so richtig was unternehmen! Das alles ist sicher gut gemeint, aber es bietet dem Hund nicht ausreichend viele Ruhephasen und führt auch wieder zu Stress.

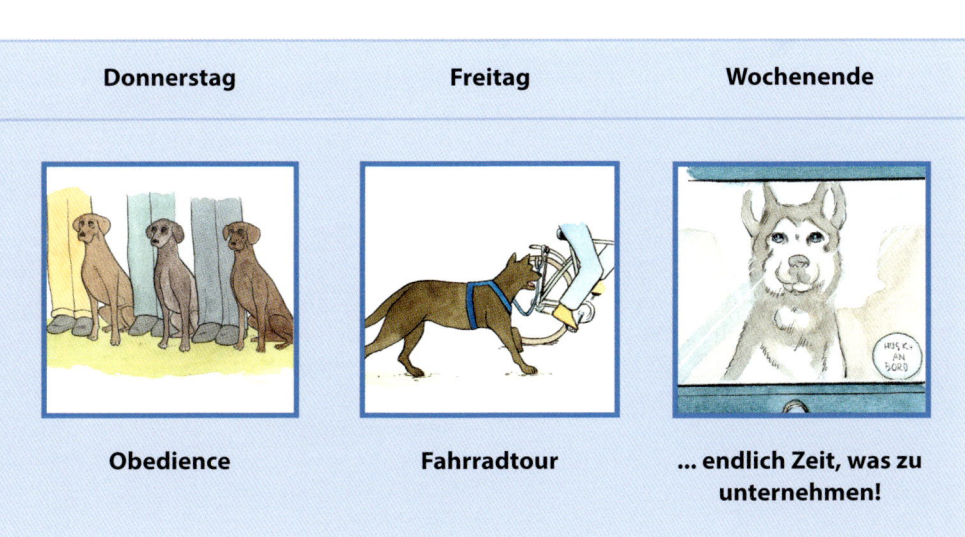

Donnerstag	Freitag	Wochenende
Obedience	Fahrradtour	... endlich Zeit, was zu unternehmen!

WARUM DAS THEMA STRESS SO WICHTIG IST

Bevor wir uns im Anschluss damit befassen, woran man erkennt, ob ein Hund ein Stressproblem hat und welche Ursachen hierfür in Frage kommen, möchten wir zunächst erklären, warum uns das Thema so wichtig ist und welche Bedeutung die Stressbelastung des Hundes im Alltag hat. Im vorangegangenen Kapitel wurde ja bereits deutlich, dass eine lang anhaltende oder häufig wiederkehrende Stresssituation der Gesundheit des Hundes erheblichen Schaden zufügen kann und natürlich ist es unser Ziel, es gar nicht erst so weit kommen zu lassen.

Das Stressgeschehen beeinflusst das Zusammenleben mit dem Hund in vielfältiger Weise. Zum einen ist es bei der Beurteilung von Problemverhalten wichtig. Zum anderen wirkt sich eine Stressbelastung auf das Lernverhalten des Hundes aus.

Wie bereits erwähnt wurde, kann man verschiedene Phasen unterscheiden, wenn der Körper auf einen Stressreiz reagiert. Auf die Alarmreaktionsphase folgt bei andauernder Belastung die Widerstandsphase, in der die Toleranz gegenüber dem Stressauslöser steigt, andere Reize aber weniger gut verkraftet werden. Wahrscheinlich haben Sie selbst eine solche Situation schon erlebt, Sie haben zum Beispiel Stress am Arbeitsplatz, haben gelernt irgendwie damit umzugehen, sind aber dadurch zum Beispiel zu Hause viel weniger gelassen und belastbar. Diese Situation gibt es auch bei Hunden. Ein Hund, der in einer belastenden Situation lebt, lernt nach einiger Zeit unter Umständen ebenfalls, mit ihr umzugehen. Gleichzeitig zeigt er aber eine verminderte Toleranz gegenüber anderen Reizen; anders ausgedrückt, er überreagiert in Situationen, die mit der ursprünglichen Stresssituation gar nichts zu tun haben. Dies bedeutet, dass die Ursachen für ein Problemverhalten, das der Hund zeigt, nicht immer auf den ersten Blick erkennbar sind. So könnte ein Hund, der andere Hunde anbellt, gar nicht wirklich ein Problem mit Hunden haben, sondern vielleicht zu lange allein bleiben müssen. Wenn man in einem solchen Fall nur an dem Verhalten gegenüber anderen Hunden arbeitet, wird man das Problem hierdurch nicht lösen

können, weil die Ursache ganz woanders liegt. So konnte zum Beispiel in einem Fall das Aggressionsverhalten eines kleinen Terrier-Mischlings gegenüber anderen Hunden dadurch gelöst werden, dass das Körbchen des Hundes an einen anderen Platz gestellt wurde. An seinem ursprünglichen Platz im Gang zwischen Kinderzimmer und Küche konnte der Hund einfach keine Ruhe finden und war deshalb ständig übermüdet und gereizt.

Überschießende Reaktionen gegenüber Artgenossen können stressbedingt sein.

Insbesondere wenn man mit Trainingsprogrammen nicht die gewünschte Besserung des Verhaltens erreicht, muss man überprüfen, ob eine Stressbelastung ganz anderer Art die Ursache für das Problemverhalten darstellt! Die Erkenntnis, dass ein beobachtetes Verhaltensproblem ganz andere Ursachen haben kann, war für uns eine der wichtigsten Erkenntnisse im Zusammenhang mit Stress überhaupt.

Die Widerstandsphase spielt für das Training noch in einem anderen Zusammenhang eine Rolle. Arbeitet man an einem Problem, bringt das immer eine gewisse Stressbelastung für den Hund mit sich, denn der Hund muss sich ja zumindest in abgeschwächter Form mit dem für ihn problematischen

Reiz auseinander setzen. Herausforderungen im Training zu schaffen ist für erfolgreiches Lernen – wie wir noch sehen werden – ja auch wichtig. Übertreibt man es allerdings, trainiert man zu oft oder wird der Auslösereiz zu intensiv, kann es sein, dass der Hund durch diese zu hohen Anforderungen in die Widerstandsphase kommt. Oft beobachtet man dann, dass das eigentliche Problem besser wird, sich gleichzeitig aber neue Baustellen auftun. Bei der Generalisierung von Geräuschängsten steht oft ein solcher Mechanismus dahinter. Aus diesem Grund kommt man als Trainer nicht umhin, zu eifrige Kunden zu bremsen.

Wenn ein Trainingsprogramm nicht den gewünschten Erfolg hat, kann dies auch auf andere Mechanismen des Stressgeschehens zurückzuführen sein, denn Stress beeinflusst in erheblichem Maße das Lernverhalten des Hundes.

STRESS UND LERNEN

Jede neue Situation, jede neue Herausforderung bewirkt eine mehr oder weniger starke Aktivierung des Körpers, um optimale Leistungsbereitschaft hervorzurufen. Dies ist, wie bereits beschrieben, der biologische Sinn des Stressgeschehens und verbessert nicht nur die Leistung des Körpers, sondern ermöglicht gleichzeitig, sich optimal auf die entsprechenden Reize zu konzentrieren, indem andere unwichtig erscheinende Sinneseindrücke teilweise unterdrückt oder ganz ausgeblendet werden. Stress auslösende Reize haben also eine stark ablenkende Wirkung. Instinktiv konzentriert sich der Hund auf die Herausforderung, um die Situation zu meistern. Hat die Stressbelastung nichts mit der Lernsituation zu tun, vereinnahmt sie einen großen Teil der Aufmerksamkeit des Hundes, die dann für die eigentliche Lernaufgabe fehlt. Aus diesem Grund kann sich ein Hund auch viel besser auf eine Lernaufgabe konzentrieren, wenn er zuvor die Möglichkeit hatte, das Gelände zu erkunden. Die Erklärung hierfür liegt in der Funktionsweise des Gehirns. Wie bei uns Menschen ist auch beim Hund das Gehirn in verschiedene Bereiche untergliedert, die unterschiedliche Aufgaben inne haben. Man unterscheidet Großhirn, Zwischenhirn, Kleinhirn und Hirnstamm. Für die Verarbeitung von Reizen gibt es für jedes Sinnesorgan ein zugehöriges Zentrum im Gehirn,

das die eingehenden Signale analysiert, verarbeitet und aufgrund bisheriger Lernerfahrungen bewertet. Dies geschieht in der Großhirnrinde, hier findet sozusagen das bewusste Denken statt und das Erlernen von neuen Verknüpfungen hängt eng mit diesen Funktionen zusammen.

Gibt man dem Hund die Möglichkeit, das Trainingsgelände zu erkunden, wird er anschließend umso konzentrierter mitarbeiten.

Für die Verarbeitung von Emotionen ist ein anderer Bereich des Gehirns zuständig, das limbische System. Zum limbischen System gehört ein als Amygdala bezeichneter Bereich, der Angst und Aggression steuert. Normalerweise hat das Großhirn und damit der bewusste Verstand die Kontrolle über das Handeln. So kann sich beispielsweise der Hund, auch wenn er Angst empfindet, entscheiden, den ersten Impuls zu kontrollieren und nicht sofort auf Angriff überzugehen oder die Flucht zu ergreifen. Wird die Emotion zu stark, hemmt das limbische System das Großhirn und der Instinkt wird übermächtig. Bewusstes Handeln ist dann kaum mehr möglich. Dies gilt auch für uns Menschen. Hier spricht man dann von einer Handlung aus dem Affekt. Eine starke emotionale Erregung oder auch ein hoher Stresslevel kann also das logische Denken quasi unterbinden. Dies hat auch einen biologisch sinnvollen Hintergrund: In Notsituationen bleibt in der Natur

keine Zeit, ausführlich nachzudenken und Option A gegen Option B abzuwägen, sondern hier ist sofortiges instinktives Handeln erforderlich, will man überleben. In einer solchen Situation ist kein Raum für Lernerfahrungen, die nichts mit der Stresssituation zu tun haben. Hierzu ein Beispiel aus dem menschlichen Bereich: Wenn man die Aufgabe bekäme, ein vierzeiliges Gedicht auswendig zu lernen, das man selbst schön findet (Motivation), bräuchte man hierfür in einer entspannten Situation nur wenige Minuten. Zu Schulzeiten – mit der Angst im Nacken, das Gedicht rezitieren zu müssen – würde das Lernen schon etwas mehr Zeit in Anspruch nehmen, und wenn man sich gerade in einer Notsituation befände, nehmen wir einmal an, der Fahrstuhl wäre stecken geblieben und wir bekämen einen klaustrophobischen Anfall, dann wäre das Lernen nahezu unmöglich.

Großhirnrinde
- Verstand
- Sinneseindrücke
- Vergleich mit Lernerfahrungen
- Angepasste Reaktion

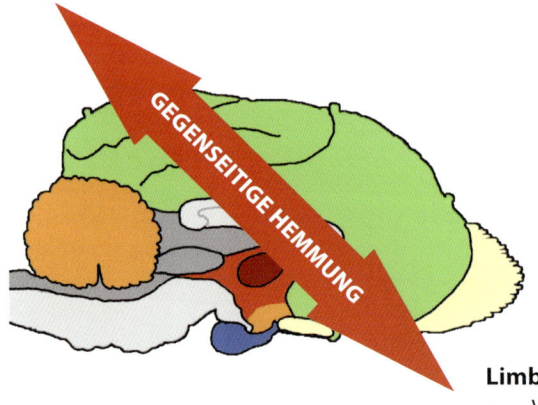

GEGENSEITIGE HEMMUNG

Limbisches System
- Verarbeitung von Emotionen
- wird durch starke Emotionen und Stress aktiviert

Andererseits wird hier auch gleich die andere Seite der Medaille deutlich. Man kann sich die gegenseitige Hemmung von Großhirnrinde und limbischem System bis zu einem gewissen Grad auch zu Nutze machen, indem man bei Stressbelastungen gezielt versucht, den Kopf zu beschäftigen und damit die Emotionen nicht übermächtig werden zu lassen. Vielleicht gelingt es ja, sich im stecken gebliebenen Fahrstuhl mit dem Auswendiglernen eines Gedichts zu beschäftigen, was aber natürlich nur dann gelingt, wenn die Emotionen nicht zu stark sind.

Für den Hund gelten die gleichen Mechanismen. Deshalb ist es durchaus sinnvoll, einen Hund, der einer Stressbelastung ausgesetzt ist, mit Kopfarbeit zu beschäftigen. Besonders gut ist hierfür die Fährtensuche geeignet, denn sie lastet den Hund körperlich aus und beschäftigt den Kopf ohne aufputschend zu wirken, wie zum Beispiel Renn- und Beutespiele. Allerdings erfordert das Fährten ein gutes Konzentrationsvermögen. Ist ein Hund stark gestresst, fängt man besser mit Aufgaben an, die weniger Konzentration erfordern, zum Beispiel mit Suchspielen.

Neue Forschungsergebnisse haben gezeigt, dass die bei Stress ausgeschütteten Botenstoffe auch einen direkten Einfluss auf die Vorgänge beim Lernen im Gehirn haben. Gerald Hüther beschreibt diese Zusammenhänge in seinem Buch „Biologie der Angst" sehr ausführlich. Das Gehirn aller Säugetiere reagiert flexibel auf veränderte Umweltbedingungen. Erweist sich eine Verhaltensweise zur Bewältigung einer neuen Herausforderung als erfolgreich, wird die entsprechende Nervenverbindung im Gehirn verstärkt. Je öfter eine solche Nervenbahn benutzt, also aktiviert wird, desto stabiler wird sie. Es entsteht also eine Gewohnheit. Umgekehrt werden Nervenverbindungen, die sehr selten oder gar nicht mehr verwendet werden, immer schwächer. Man ver-

lernt also etwas. Hüther bezeichnet die Reaktion auf neue Herausforderungen als Stress und teilt die Stressreaktion in zwei Gruppen ein. Er spricht von einer kontrollierbaren Stressreaktion, in der der Organismus eine Lösung findet, und von einer unkontrollierbaren Stressreaktion, in der keine Lösung gefunden wird. Die Reaktion auf erfolgreich bewältigte Situationen entspricht den Vorgängen der Alarmreaktionsphase mit anschließender Entspannung. Die hierbei ausgeschütteten Katecholamine haben einen direkten Einfluss auf die Nervenzellen im Gehirn und verstärken die Nervenbahnen, die für die gefundene Lösung stehen, indem sie die Nervenzellen anregen, neue Fortsätze (Dendriten) und damit Verbindungen zu anderen Nervenzellen zu bilden. Solange die Situation also kontrollierbar bleibt und eine Lösung für die Herausforderung gefunden wird, fördert der Stress das Erlernen neuer sinnvoller Verhaltensstrategien.

Ganz anders verhält es sich jedoch, wenn die Versuche, die Situation zu bewältigen, erfolglos bleiben und die Stressreaktion unkontrollierbar wird. Jetzt wird verstärkt Cortisol ausgeschüttet. Wie bereits erläutert, führt das auf Dauer zu psychosomatischen Beschwerden und den so genannten Anpassungskrankheiten. Auch Cortisol hat eine direkte Auswirkung auf die Nervenzellen im Gehirn. Anders als die Katecholamine fördert Cortisol die Auflösung bereits bestehender Nervenverbindungen. Bei anhaltend erfolglosen Bewältigungsversuchen könnte man das als allerletzten Versuch des Gehirns bezeichnen, doch noch eine Lösung zu finden, indem alles bisher Bekannte und Gelernte über Bord geworfen wird. Dies macht sich zunächst durch eine Hemmung von Verhalten, die erlernte Hilflosigkeit be-

WICHTIG

Wie Versuche ergeben haben, spielt für soziale Lebewesen, zu denen der Hund ebenso zählt wie der Mensch, der Rückhalt in der Gemeinschaft und die sichere Bindung eine große Rolle, um Stresssituationen bewältigen zu können.

merkbar. Die Auflösung bereits bestehender Nervenverbindungen kann beim Menschen so weit gehen, dass die Persönlichkeitsstruktur verändert wird. Außerdem besteht ein erhöhtes Risiko für psychische Erkrankungen. So gesehen ist es zwar möglich, unter einer starken Stressbelastung etwas Neues zu lernen, allerdings muss man einen hohen Preis dafür bezahlen.

Für das Lernverhalten des Hundes kann man folgern, dass übermäßige Stressbelastungen und Erwartungsunsicherheit vermieden werden müssen, will man gute Ergebnisse erzielen. Um ein entspanntes Umfeld zu schaffen, sollte man Aufgaben stellen, die der Hund auch bewältigen kann. Das Meistern einer Herausforderung fördert das Lernen. Ein dauerhaftes Scheitern hingegen kann bereits Gelerntes zerstören. Wie Versuche ergeben haben, spielt für soziale Lebewesen, zu denen der Hund ebenso zählt wie der Mensch, außerdem der Rückhalt in der Gemeinschaft und die sichere Bindung eine große Rolle, um Stresssituationen bewältigen zu können.

STRESS-SYMPTOME

Beschwichtigungssignale werden vom Hund häufig gezeigt, wenn er sich unsicher, gestresst oder überfordert fühlt.

Es gibt einige Symptome, die darauf schließen lassen, dass ein Hund gestresst ist, und meistens treten mehrere von ihnen gleichzeitig auf. Beobachten Sie Ihren Hund, versuchen Sie herauszubekommen, ob Sie eines oder mehrere dieser Symptome erkennen und was die Ursache für das Verhalten sein könnte.

WICHTIG: Natürlich treten einige dieser Verhaltensweisen auch dann auf, wenn Ihr Hund nicht gestresst ist, wie zum Beispiel das Hecheln. Vielleicht hechelt er nur, weil es ein wirklich heißer Tag ist oder er gerade ausgiebig gespielt hat. Es kommt bei der Interpretation also immer darauf an, die beobachteten Verhaltensweisen im Gesamtzusammenhang zu sehen.

Ein weiterer Anhaltspunkt ist die Frage, wie häufig die Symptome auftreten. Haben Sie unter Berücksichtigung dieses Gesamtbildes den Eindruck, dass es sich wirklich um stressgesteuerte Verhaltensweisen handelt, sollten Sie über Veränderungen nachdenken. Ideen und Anregungen dafür finden Sie im Kapitel über das Anti-Stress-Programm.

Ein Hund, der gehetzt und ruhelos wirkt, leidet möglicherweise unter starkem Stress.

Nervosität/ Schreckhaftigkeit
Der Hund ist sehr schreckhaft, wirkt insgesamt fahrig und nervös.

Ruhelosigkeit
fällt zum Beispiel auf durch ständiges Hin- und Herlaufen. Der Hund kann sich nur schlecht oder gar nicht entspannen, findet selbst auf den gewohnten Liegeplätzen keine Ruhe und achtet sehr auf Geräusche. Oftmals ziehen diese Hunde auch stark an der Leine, weil sie wie gehetzt vorwärts drängen.

Überreaktion

Auf Geschehnisse und Situationen, bei denen der Hund normalerweise ruhig und gelassen bleiben würde, reagiert er jetzt unruhig, ängstlich oder aggressiv.

Beschwichtigungssignale

Sie werden vom Hund häufig gezeigt, wenn er sich unsicher, gestresst und überfordert fühlt. Sieht man auch mit geschultem Auge keine Signale mehr, so kann der Hund so stark gestresst sein, dass er sogar diese Form der Kommunikation eingestellt hat, eventuell sogar „einfriert", was bedeutet, dass von ihm keine Aktion mehr ausgeht. Eine weitere Steigerung wäre das „geistige Abtauchen". Turid Rugaas hat in ihrem Buch „Calming Signals – Die Beschwichtigungssignale der Hunde" eindrücklich von einem Do Khyi berichtet, der so überfordert war, dass er „regelrecht psychotisch wurde, sich aus der Realität verabschiedete und in eine innere Welt abtauchte, in der ihn nichts Böses erreichen konnte".

Reagiert ein Hund auf ihm eigentlich bekannte Situationen plötzlich ungewöhnlich, so könnte dies Ausdruck von Stress sein.

Koten und Urinieren

kann ebenfalls ein Stress-Symptom sein. Bei großer Angst oder durch einen plötzlichen Schreck wird über die Adrenalinausschüttung und die Aktivierung des sympathischen Nervensystems dem Enddarm signalisiert, Kot abzusetzen. Zusätzlich kommt es zu einer Verschiebung im Wasserhaushalt, weshalb häufig uriniert werden muss.

Die körperinneren Prozesse in Stresssituationen führen oftmals dazu, dass ein Hund häufig kotet und uriniert.

Ausschachten des Penis beim Rüden

Meistens wird nur der vordere Teil, manchmal sogar nur die Penisspitze ausgeschachtet. Dieses Verhalten ist deshalb leicht von dem des sexuell stimulierten, deckbereiten Rüden zu unterscheiden.

Aufreiten

Aufreiten ist nicht immer sexuell motiviert, sondern kann auch stressbedingt sein.

Das Aufreiten ist nicht immer sexuell motiviert, sondern kann auch stressbedingt sein. Häufig kommt es in gemischten Hundegruppen vor und wird fälschlicherweise als Dominanzgeste gewertet. Führende Kynologen sind sich jedoch darüber einig, dass es sich beim Aufreiten mit den typischen Stoßbewegungen des Beckens im Gegensatz zu der T-Stellung, dem Schnauzengriff und dem Auflegen des Kopfes auf den Hals- oder Rückenbereich eines anderen Hundes nicht unbedingt um dominantes Verhalten handelt.

Das Aufreiten wird übrigens nicht nur bei Artgenossen, sondern auch am Menschen oder an Gegenständen wie der eigenen Schlafdecke oder dem Sofakissen gezeigt. Es kommt nicht nur bei Rüden, sondern auch bei Hündinnen und bei überforderten Welpen vor.

Zeigt ein Welpe dieses Verhalten, kann es sich um ein Stress-Symptom handeln, es kann aber auch einfach nur ein spielerisches Ausprobieren von später wichtigen Verhaltensweisen ohne Ernstbezug sein. Um beurteilen zu können, welche der beiden Möglichkeiten in Frage kommt, muss die gesamte Situation betrachtet und im Zusammenhang gesehen werden.

BEISPIEL: *Ein Golden Retriever zeigte dieses Verhalten im Alter von nur zwölf Wochen jedes Mal, wenn Besuch kam. Nach überschwänglichen Begrüßungszeremonien mit ausgiebigen Tätscheleien und nicht enden wollenden Verzückungen über diesen suuuuper-süüüßen Welpen, war dieser so außer Rand und Band, dass er entweder die Besucher selbst oder seine Decke berammelte. Nachdem die Begrüßung durch Gäste auf ein normales Maß reduziert worden war, wurde dieses Verhalten nicht mehr beobachtet.*

Hypersexualität/ Hyposexualität

Durch Stress kann es sowohl zu einem übersteigerten als auch zu einem fast gänzlich erloschenen Sexualtrieb kommen. Hundehalter beobachten dann entweder, dass ihr Hund übermäßig stark auf das andere Geschlecht reagiert oder auch dass ihr Hund auffallend wenig Interesse für potentielle Sexualpartner hat.

Veränderter Sexualzyklus

Bei Hündinnen kommt es durch Stress relativ häufig zu Veränderungen des Zyklus. Die Abstände zwischen den Läufigkeiten sind dann entweder zu kurz oder zu lang. Bei einigen Tieren kann Stress sogar bewirken, dass geschlechtsreife, unkastrierte Hündinnen über Jahre nicht läufig werden. Aber auch die so genannte „Dauerläufigkeit", bei der die Hündin länger als gewöhnlich blutet und für Rüden anziehend riecht, kann durch Stress ausgelöst sein.

Übertriebene Körperpflege bis hin zum Wundlecken ist häufig Ausdruck und gleichzeitig Kompensation von Stress.

Übertriebene Körperpflege

bis hin zum Wundlecken, häufig an den Extremitäten, an der Rute und im Genitalbereich. Wenn diese Körperstellen dann schließlich so offen und wund sind, dass sie schmerzen, schüttet der Körper Endorphine (so genannte „Glückshormone") aus, die schmerzlindernd und stimmungshebend wirken. Diese euphorisierende Wirkung lässt den Hund belastende Situationen leichter ertragen und so beginnt ein verhängnisvoller Teufelskreis, der schwer zu durchbrechen ist.

Gegenstände zerstören

Es wird oft fälschlicherweise als „Zerstörungswut aus Protest" beschrieben, besonders wenn der Hund dieses Verhalten zeigt, wenn er allein gelassen wird. Tatsächlich ist es ein Zeichen von starkem Stress.

Übertriebene Lautäußerungen

Allein zu bleiben ist für viele Hunde so belastend, dass sie Gegenstände und zuweilen auch die Wohnungseinrichtung zerstören.

wie zum Beispiel Dauerbellen, ständiges Winseln und Jaulen – auch diese werden oftmals als Protestverhalten interpretiert, lassen aber eher darauf schließen, dass der Hund extrem überfordert und gestresst ist und durch diese Lautäußerungen versucht, seine innere Anspannung zu reduzieren, ähnlich einem Menschen, der nachts allein auf weiter Flur vor Anspannung anfängt zu singen oder vor sich hinzureden.

Störungen im Magen-Darm-Trakt

wie Durchfall und Erbrechen. Sicher eines der häufigsten und auffälligsten Symptome, wenn es um Stress geht. Einige Rassen sind besonders anfällig, wie zum Beispiel der Collie, der Deutsche Schäferhund und der Cavalier King Charles Spaniel.

Allergien

jeglicher Art wie zum Beispiel auf Futtermittel, Milben, Flohstiche, Pollen und Gräser, Insektizide usw. können durch Stress verursacht sein, oder zumindest kann der Verlauf der

Allergie ganz wesentlich dadurch beeinflusst werden, wie viel Stress ein Hund hat, denn häufig beobachtet man nach Phasen intensiven Stresses besonders ausgeprägte Allergieschübe trotz des bei Dauerstress normalerweise ausgeschütteten Cortisols. Woran das liegt, ist noch nicht abschließend geklärt. Man vermutet eine veränderte Stresshormonausschüttung bei Allergiepatienten oder eine erhöhte Empfindlichkeit während der Stressphasen.

BEISPIEL: *Der schon erwähnte Dalmatinerrüde Dandy, der eine genetisch bedingte Futtermittelallergie hat, wurde im Rahmen eines Trainingsprogramms vermehrt mit anderen Rüden konfrontiert, um diese Begegnungen zu üben. Da die Trainingseinheiten aber zu lang und zu oft hintereinander durchgeführt wurden und er nicht ausreichend viele Möglichkeiten hatte, sich wieder zu entspannen, reagierte er mit zunächst pickelartigen Hautausschlägen, die schließlich aufplatzten und großflächige Entzündungen mit starker Schuppenbildung hinterließen. Seine Allergie war im wahrsten Sinne des Wortes explodiert. Nachdem die Trainingseinheiten reduziert worden waren und Dandy längere Ruhephasen hatte, besserte sich sein Gesundheitszustand zusehends.*

Ein Hund, der selbst die besten Happen nicht fressen mag, ist oftmals zu gestresst.

Appetitlosigkeit

Jeder kennt ihn, den Hund, der vor lauter Stress nichts essen kann. Typisches Verhalten bei Abgabe in fremder Umgebung wie zum Beispiel einer Tierpension, die der Hund noch nicht kennt oder in der er sich nicht wohl fühlt. Auch bei Überforderung im Training werden selbst die leckersten und sonst begehrtesten Belohnungshäppchen ausgespuckt oder gar nicht erst angenommen.

Bei Hunden, die wahllos Essbares oder auch Unverträgliches in sich hineinschlingen, ist häufig Stress die Ursache für diese Fresssucht.

Fresssucht

Der Hund schlingt hektisch alles herunter, was er finden kann. Leider auch Dinge, die nicht essbar sind wie Papiertaschentücher, Steine, Holz usw. Dieses Verhalten kann gefährlich, im Falle eines Darmverschlusses oder von Verletzungen des Magen-Darm-Traktes durch scharfe Gegenstände sogar lebensgefährlich sein. Vorsicht: Hier reicht es nicht, dem Hund das Aufnehmen von Gegenständen generell zu verbieten! Die Ursache für den Stress muss gefunden werden, da der Hund sich sonst andere Kompensationsmöglichkeiten sucht.

BEISPIEL: *Eine Herdenschutzhund-Mischlingshündin fraß alles, was sich unterwegs finden ließ. Sie wurde in einer Hundeschule mittels Abbruchkommando über die Disc-Scheiben darauf trainiert, nichts mehr vom Boden aufzunehmen. Das Problem schien also gelöst, die Halterin war zufrieden. Kurz darauf fing die Hündin an, sich übertrieben im Bereich des Schwanzwurzelansatzes zu lecken und zu beißen, so als ob sie Flöhe hätte oder die Analdrüsen voll wären. Eine Untersuchung beim Tierarzt ergab aber keinen Befund. Niemand konnte sich erklären, warum die Hündin das tat. Schließlich wechselte die Frau die Hundeschule. Dort fand die Trainerin die Ursache des Verhaltens: Die Hündin war extrem gestresst durch die Spannungen, die zu Hause zwischen der Halterin und ihrem Lebensgefährten durch die Anschaffung dieses Hundes entstanden waren. Ständig gab es lautstarken Streit, und der Mann ließ die Hündin auch sehr deutlich seine Abneigung spüren. Schon das wahllose Herunterschlingen von Gegenständen war ein Kompensationsverhalten. Als ihr dieses genommen worden war, zeigte sie ein anderes: Bewegungsstereotypie mit beginnender Selbstverstümmelung. Der Halterin wurde erklärt, dass* sie sich entweder von dem Mann oder von dem Hund trennen müsste, wenn letzterer nicht noch mehr Schaden nehmen sollte. Sie entschied sich für den Hund und gegen den Mann, zog in eine eigene Wohnung mit Garten. Schon kurze Zeit nach der Trennung, nachdem Ruhe eingekehrt war und sich das Zusammenleben harmonisch gestaltete, verschwand das Verhalten der Hündin gänzlich.

Unangenehmer Körpergeruch und Mundgeruch

können durch Stress ausgelöst sein. Besonders der Mundgeruch fällt auf, da der gestresste Hund oftmals vermehrt hechelt. Wie beim Menschen auch verursacht Stress eine erhöhte Magensäuresekretion, die sich durch den unangenehmen Geruch bemerkbar macht.

Die Tasthaare im Kopfbereich,

besonders an den Wangen, werden deutlich aufgestellt und vibrieren eventuell auch. Ein Symptom, das man übrigens auch bei Katzen beobachten kann.

Das Fell im Nacken- und Rückenbereich wird „zur Bürste" gestellt.

Dieses Sträuben des Nackenfells wird fast immer als Anzeichen von Aggressivität interpretiert, was aber nicht unbedingt stimmt, denn Hunde tun dies auch bei Stress, Unsicherheit, großer Freude oder anderen außergewöhnlichen Gefühlsregungen. Um welche dieser Emotionen es sich handelt, kann in der Regel an der Gesamtsituation und dem restlichen Ausdrucksverhalten des Hundes erkannt werden. Unsere Mischlingshündin Elsa zum Beispiel stellt die Haare

Unangenehmer Körpergeruch und/ oder Mundgeruch sowie vibrierende Tasthaare – besonders an den Wangen – sind deutliche Anzeichen für Stress.

so stark auf, dass sie wie ein nach oben gedrehter Handfeger aussieht, wenn wir nach längerer Abwesenheit nach Hause kommen und sie sich riesig freut, uns wieder zu sehen.

Verhärtete Muskeln durch erhöhten Muskeltonus

Deshalb sollte der Hund bei Stress nicht aufgefordert werden, Ruhekommandos wie „sitz", „Platz" usw. auszuführen. Dies nimmt ihm nämlich die Möglichkeit, die verhärteten Muskeln durch Bewegung wieder zu lockern und sich so zu entspannen. Bekommt der Hund diese Bewegungsmöglichkeit nicht, kann es zum Muskelzittern oder sogar zu schmerzhaften Muskelkrämpfen kommen, was wiederum die Aggressionsbereitschaft steigert. Diese Krämpfe können in Extremfällen so stark ausgeprägt sein, dass sie einem epileptischen Anfall sehr ähnlich sind. Daher rührt übrigens auch – bei Mensch wie Tier – das Bedürfnis, sich in Stress-Situationen zu bewegen. Beobachten Sie sich selbst: Wenn Sie wütend sind, fuchteln Sie mit den Armen herum, laufen auf und ab, gestikulieren. Oder können Sie sich vorstellen, ganz ruhig und still auf einem Stuhl zu sitzen, während Sie „vor Wut kochen"?!

Schuppenbildung

Sie ist oft verbunden mit trockener Haut und kann ganz plötzlich auftreten. Häufig zu beobachten bei Dobermännern und Rottweilern, aber natürlich auch bei anderen Rassen. Besonders bei Tierarztbesuchen „rieselt" der Hund regelrecht.

Plötzlich auftretender Haarausfall

ist zum Beispiel häufig bei Hundeausstellungen und -shows zu sehen. Der Stresspegel ist durch die Enge, die Geräuschkulisse, mangelnde Rückzugsmöglichkeiten und ständiges Herumgefummel am Hund sehr hoch. Besonders auffällig unter anderem bei Dalmatinern durch die weißen Stichelhaare, die überall festhängen.

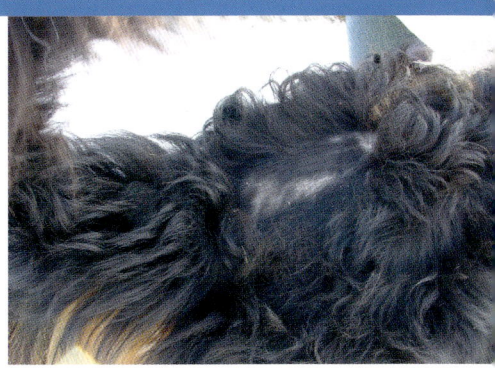

Schlechte Fellbeschaffenheit und starker Haarausfall

über einen längeren Zeitraum kann ein Stress-Symptom sein. Dies kann so weit gehen, dass kahle Stellen im Haarkleid entstehen.

Ungesundes Aussehen

Der Hund wirkt insgesamt überfordert und kränklich. Neben den bereits erwähnten Symptomen wie Haarausfall, Schuppenbildung usw. kann man trübe, eingefallene Augen, eine schlaffe, gedrungene Körperhaltung und eine deutlich hängende Rute erkennen.

Plötzlich auftretender Haarausfall bis hin zu kahlen Stellen sind traurige Klassiker unter den Stress-Symptomen.

Gehetzter Gesichtsausdruck

Ein Zeichen für starken Stress ist ein regelrecht gehetzter Gesichtsausdruck, bei dem vor allem Augen- und Mundpartie nach hinten gezogen werden.

Hautprobleme

wie Ekzeme, Juckreiz und wunde Stellen sind traurige Klassiker in der Stress-Symptomatik.

Eine Veränderung der Augenfarbe

wurde bei sehr hoher Stressbelastung beobachtet. Weshalb dies so ist, ist ungeklärt. Die Augen können sogar blutunterlaufen sein, wenn die kleinen Äderchen im Auge durch den erhöhten Blutdruck platzen.

Hecheln

Bei Stress kommt es zu einer erhöhten Herzfrequenz und Muskelspannung, wodurch mehr Sauerstoff verbraucht wird. Gleichzeitig wird durch die erhöhte Stoffwechselaktivität auch mehr Körperwärme produziert. Durch das Hecheln wird dem Körper mehr Sauerstoff zugeführt und zudem verhindert, dass die Körpertemperatur zu stark ansteigt.

Die Nase tropft

Bei einigen Hunden kommt es bei Aufregung und Stress zu einer vermehrten Produktion der Nasenflüssigkeit.

Schweißpfoten

Hunde verfügen zwar nicht über so viele Schweißdrüsen wie der Mensch, einige haben sie aber doch. Sie befinden sich unter anderem an den Pfoten. Gerät der Hund unter Stress, sondert er vermehrt Schweiß ab, was an den feuchten Pfotenabdrücken auf glatten Böden zu erkennen ist. Besonders oft zu sehen im Warte- oder Behandlungszimmer des Tierarztes.

Zittern

Da bei Stress der Muskeltonus ansteigt, versucht der Körper durch das Zittern, die angespannten Muskeln durch Bewegung zu lockern, damit es nicht zum Krampf kommt.

Hektisches Um-sich-Schnappen,

meist mit Klappern der Zähne. Dies ist ein ganz deutliches Anzeichen dafür, dass ein Hund gestresst ist und es ihm zu viel wird. Heizt sich zum Beispiel ein Rennspiel zu sehr auf oder fühlt sich ein Hund stark bedrängt, so schnappt er um sich, ohne den Gegner zu treffen. Dieses gezielte Vorbeischnappen ist oft begleitet von deutlich hör- und sichtbarem Zähneklappern.

Weit aufgerissene Augen oder ein flackernder Blick deuten auf Stress hin.

Weit aufgerissene Augen/ flackernder Blick

Wie auch beim Menschen zu beobachten, weiten sich die Augen beim Erschrecken. Bei starker Überforderung kann es zu unkoordinierten Augenbewegungen kommen, die als flackernder Blick bezeichnet werden.

Speicheln

Durch Stress kann es zu einem vermehrten Speichelfluss kommen. Häufig wird das übermäßige Speicheln zusammen mit anderen Symptomen wie geweiteten Pupillen, geduckter Körperhaltung in Fluchtbereitschaft usw. gezeigt.

Das übermäßige Fixieren eines anderen Lebewesens oder eines Gegenstandes

kann ein Stress-Symptom sein. Der Hund behält das, was ihn stresst und/oder ängstigt, fest im Blick, um einschätzen zu können, welche Aktionen von diesem aus seiner Sicht bedrohlichen „Ding" ausgehen, um gegebenenfalls mit Flucht oder Angriff reagieren zu können.

Wenn ein Hund übermäßig viel speichelt, kann Stress die Ursache sein.

Stereotypien

Man unterscheidet Bewegungsstereotypien und stereotype Lautäußerungen. Sie werden oft über lange Zeit und in immer gleicher Weise wiederholt bzw. beibehalten, ohne eine der Situation angemessene Sinnhaftigkeit aufzuweisen oder zu einer Endhandlung zu führen. Beim Hund können zum Beispiel das Achterschlingenlaufen, das Auf- und Ablaufen, das dem eigenen Schwanz Hinterherjagen, das monotone Bellen und exzessive Lecken beobachtet werden.

In die Leine beißen

Bei vielen Hunden ist es ein eindeutiges Anzeichen für Stress, wenn sie anfangen, in die Leine zu beißen und wie verrückt an ihr zu zergeln. Durch dieses Verhalten, das zunächst wie ein lustiges Spiel wirkt, reagiert der Hund sich ab. Beobachten Sie Ihren Hund und achten Sie darauf, ob er dieses Verhalten immer kurz nach angespannten und für ihn schwer zu meisternden Situationen zeigt.

Beißt ein Hund in die Leine und zerrt wild daran, so versucht er sich abzureagieren und seine Stressbelastung zu kompensieren.

BEISPIEL: *Der Schäferhund Wolfi begann immer nach ziemlich genau 20 Minuten des Trainings zum Grundgehorsam in die Leine zu beißen und steigerte sich in dieses Verhalten vollkommen hinein. Nachdem der Halter bemerkt hatte, dass Wolfi dieses Verhalten immer nach der etwa gleichen Zeit zeigte, hörte er einfach fünf Minuten vorher mit der Trainingseinheit auf.*

Andere Hunde zeigen dieses Verhalten, wenn sie beim Spaziergang überfordert werden oder es ihnen beim Stadtbummel zu viel wird. Versuchen Sie herauszubekommen, nach welchen Auslösern Ihr Hund mit diesem Verhalten beginnt. Glauben Sie, die Ursache gefunden zu haben, stellen Sie diese ab und warten Sie, ob sich das Problem des Leinebeißens dadurch nicht von selbst erledigt.

Bei Hunden im Tierheim ist dieses Verhalten übrigens oftmals extrem ausgeprägt. Durch das Zusammenleben mit vielen Artgenossen auf sehr engem Raum stehen diese Hunde in der Regel sowieso schon unter erhöhtem Stress. Häufig ist es nicht möglich, alle Tiere regelmäßig Gassi zu führen, die Auslaufmöglichkeiten sind begrenzt. Umso aufregender ist es dann für den Hund, wenn endlich jemand kommt und ihn zum Spaziergang aus dem Zwinger holt. Zu dem aufgestauten Bewegungsdrang und dem Stress kommt jetzt noch die Vorfreude auf das Laufen und schon geht es los. Umso schlimmer für gerade diesen Hund, wenn er dann als Leinenbeißer abgestempelt und nicht mehr so gern oder gar nicht mehr mitgenommen wird. Sein Frust steigert sich immens und das Problem verstärkt sich – manchmal bis zu dem Punkt, wo der Hund dann nicht nur in die Leine, sondern auch in die Bekleidung beißt oder die Person zwickt. Eine Lösungsmöglichkeit des Problems besteht darin, den Hund nicht gleich anzuleinen und mitzunehmen, sondern sich erst einmal am Zwinger aufzuhalten, ruhig mit ihm zu sprechen, ihm eventuell ein Leckerchen anzubieten und zu warten, bis er sich halbwegs beruhigt hat. Holt man ihn schließlich raus, wird er natürlich trotzdem sehr aufgeregt sein – aber zumindest etwas weniger als zuvor.

Schlechte Konzentrationsfähigkeit

Der Hund wirkt fahrig und ist ungewöhnlich nervös beim Training. Auf neue Übungen und Aufgaben kann er sich nur schlecht konzentrieren.

Zeigt ein Hund Handlungen, die der Situation nicht angemessen erscheinen, so handelt es sich häufig um Beschwichtigungssignale oder umorientiertes Verhalten.

Vergesslichkeit

Übungen, die der Hund normalerweise beherrscht, scheint er vergessen zu haben. Er wirkt, als hätte er ein Blackout. In ganz normalen Alltagssituationen scheint er „neben sich zu stehen".

Umorientiertes Verhalten/ Übersprungshandlung

Der Hund tut etwas, das der Situation nicht angemessen erscheint. Oftmals handelt es sich bei diesen gezeigten Verhaltensweisen jedoch um Beschwichtigungssignale, die somit eben doch in einem ursächlichen Zusammenhang mit der Situation stehen.

BEISPIEL:

Begegnete die Riesenschnauzerhündin Ginger einem anderen Hund, setzte sie sich jedes Mal hin und fing an, sich aus-

giebig zu kratzen. Dies tat sie so lange, bis der andere Hund sich genähert hatte und beide friedlich Kontakt aufnahmen und eventuell ein Spiel begannen. Wurde dieses Spiel zu hektisch und zu wild, fing sie an, intensiv zu schnüffeln. Beide Verhaltensweisen wurden von der Halterin als Übersprungshandlung bewertet. Tatsächlich setzte Ginger sie aber zur Beschwichtigung ein und wurde auch immer von ihrem Gegenüber verstanden.

Fixierung auf Reize wie Lichtkegel, Fliegen usw.

Der Hund ist unfähig, sich auf etwas anderes als diesen Reiz zu konzentrieren, jagt ihm – manchmal auch nur mit den Augen – hinterher, schnappt nach ihm und wirkt insgesamt unruhig, hektisch und nervös.

Passivität

Wenn Ihnen auffällt, dass Ihr Hund sich wesentlich ruhiger und zurückhaltender verhält als normalerweise, dann kann dies ein Anzeichen für eine Situation sein, die Ihren Hund überfordert oder mit der er nicht umzugehen weiß.

Die Fixierung auf eventuell auch völlig unscheinbare Reize ist ein besonders bei Hütehunden häufig beobachtetes Stress-Symptom.

BEISPIEL:

In einen Haushalt mit einem männlichen Do Khyi und einem weiblichen kleinen Mischlingshund kam zusätzlich eine ca. fünfjährige Schäferhündin, die der Halterin der Hunde zugelaufen war. Im Laufe der kommenden Wochen dominierte die Schäferhündin die kleine Mischlingshündin so sehr, dass diese sich kaum noch aus ihrem Körbchen wagte. Sie war auffallend still und reduziert in ihren Bewegungen, ständig bemüht, die deutlich größere und stärkere Schäferhündin nicht zu provozieren. Obwohl sie eigentlich eine agile, quirlige Persönlichkeit war, die auch gerne bellte, wenn Besuch kam oder es losgehen sollte zum gemeinsamen Spaziergang, nahm man sie kaum noch wahr. Dies fiel der Halterin auf, und nachdem alle ihre Bemühungen, die Situation zu entschärfen, fehlgeschlagen waren, entschloss sie sich, für die Schäferhündin ein neues Zuhause zu suchen, was auch gelang. Nachdem diese zu guten Freunden umgezogen war, blühte die kleine Mischlingshündin wieder richtig auf. Noch heute, mit fast 14 Jahren, springt sie munter herum und kläfft nach alter Manier das ganze Haus zusammen, wenn Besuch kommt.

Schütteln

Das Schütteln ist ein Indiz dafür, dass eine Situation vom Hund als anstrengend erlebt wurde. Sobald er die Situation als nicht bedrohlich erkannt hat oder sie beendet wurde, löst er die eigene Anspannung, indem er sich schüttelt.

STRESS AUSLÖSENDE FAKTOREN

Stress ist auch zu verstehen als Reaktionszustand des Organismus bei Überbeanspruchung, wie zum Beispiel durch vermehrte Muskelarbeit, Wärme, Kälte oder durch Reize und Schädigungen von außen. Diese Überbeanspruchung kann aber nicht nur durch plötzlich auftretende Ereignisse wie Schreck, Schock usw. entstehen, sondern auch durch permanente oder sich häufig wiederholende, eigentlich nur kleine Belastungen, die das Tier nicht zur Ruhe kommen lassen und in der Summe zu Stress führen.

Die folgende Liste, die trotz ihres Umfangs keinen Anspruch auf Vollständigkeit erhebt, gibt Beispiele:

Krankheiten mit Beeinträchtigung der Leistungsfähigkeit
wie mangelnde Mobilität oder mangelnde Funktionstüchtigkeit der inneren Organe wie Herz, Niere usw.

Krankheiten mit Beeinträchtigung der Sinnesorgane
wie Taubheit, Blindheit, eingeschränkte Tastsensibilität usw. Der Hund hat nicht die gleichen Möglichkeiten, sich mit der Außenwelt zu verständigen wie ein gesunder und muss dieses Defizit ständig ausgleichen.

Krankheit im Sinne der aktuellen und/oder chronischen Schmerzrelevanz
wie zum Beispiel Verletzung, Blutverlust, Infektion, Trauma, Schock, Rheuma, HD, Spondylose usw. Nicht unerwähnt bleiben sollte auch die Wetterfühligkeit, die manchen Hunden ebenso zu schaffen macht wie Menschen.

Hypersexualität

Gehen wir vom Beispiel des Rüden aus, welches weit häufiger vorkommt als das der hypersexuellen Hündin, so ist nicht nur dieser gestresst, weil er unter einem sehr hohen Triebstau steht, sondern er stresst durch sein aufdringliches Verhalten auch den anderen Hund, der das zweifelhafte Vergnügen hat, das Objekt seiner Begierde zu sein.

Die Läufigkeit der Hündin

Ein an sich normaler Vorgang, der aber Stressfaktoren mit sich bringt, wie zum Beispiel das Abwehren von aufdringlichen Rüden, wenn die Hündin noch nicht paarungsbereit ist. Deshalb sollte darauf geachtet werden, in dieser Zeit weitere Belastungen zu reduzieren.

Schlafdefizite können auch dadurch entstehen, dass dem Hund nicht genug Rückzugsmöglichkeiten angeboten werden.

Schlafdefizite

Diese können durch Krankheit und Schmerzen entstehen oder dadurch, dass dem Hund nicht genug Rückzugsmöglichkeiten angeboten werden und sein Ruhebedürfnis nicht respektiert wird.

Erschöpfungszustände

Diese können nicht nur durch Schlafdefizit entstehen, sondern auch durch Überbeanspruchung bei Spaziergängen, im Hundesport oder beim Spiel.

Plötzliche Veränderungen

wie Umzug, Familienzuwachs, Besitzerwechsel usw.

Trauer durch Verlust eines Sozialpartners

Hunde trauern nicht nur um ihre Bezugsperson, sondern auch um andere Tiere, mit denen sie zusammengelebt haben, oder um einen beim täglichen Spaziergang getroffenen Spielkameraden. Der Grad und die Dauer der Trauer richten sich danach, wie stark die Bindung war.

Bedrohung

Sie kann tatsächlich oder imaginär sein. Der Hund kann nicht logisch denkend unterscheiden, ob diese Bedrohung tatsächlich vorhanden ist oder nur als solche empfunden wird, tatsächlich aber keine Gefahr besteht. In beiden Fällen wird sein Körper in die gleiche Alarmbereitschaft versetzt.

Situation der Erwartungsunsicherheit

Der Hund weiß nicht, was von ihm erwartet wird oder kann die Situation nicht einschätzen. Es werden zum Beispiel von ihm während einer Ausbildung Kommandos verlangt, deren Inhalt er noch nicht verstanden hat. Stellen Sie sich vor, Sie sind in einem fremden Land und fragen nach dem Weg zur nächsten Toilette. Ein Einheimischer gibt Ihnen freundlich Auskunft, spricht jedoch eine Sprache, die Sie nicht oder nur ansatzweise verstehen. Sie bemühen sich redlich, können seinen Erklärungen aber aufgrund der Verständigungsschwierigkeiten nicht folgen. Nach mehreren erfolg-

losen Versuchen, Ihnen den Weg zu beschreiben, wird Ihr Gegenüber allmählich ungeduldig und schließlich sogar sichtbar gereizt und ärgerlich. Wie würden Sie sich fühlen?

In einer ganz ähnlichen Situation befindet sich ein Hund, wenn wir das Wort an ihn richten. Er muss versuchen, aufgrund von Körpersprache, Gestik, Mimik, eventuell auch Stimmungsübertragung und vorangegangenen Erfahrungen herauszubekommen, was von ihm erwartet wird. Eine nicht leicht zu bewältigende Aufgabe, die fast unmöglich wird, wenn er dann noch zusätzlich gestresst wird durch Ungeduld, Strenge oder sogar Strafen für angebliches Nichtbefolgen von Kommandos.

Ein Hund, der nicht weiß, was von ihm erwartet wird oder dessen Besitzer sich unberechenbar verhält, reagiert mit Stress auf diese Situation der Erwartungsunsicherheit.

Der Mensch kann den Hund in eine schier unerträgliche Situation der Erwartungsunsicherheit bringen, wenn er sich aus Sicht des Hundes unberechenbar verhält, zum Beispiel darf der Hund mal auf das Sofa, mal wird er genau dafür bestraft. Ist der Hund mit Herrchen oder Frauchen allein zu Haus, wird sein Betteln am Tisch durch Fütterung belohnt, sind Gäste zu Besuch, wird er getadelt und fortgeschickt. Diese Liste ließe sich beliebig fortsetzen. Je länger diese Situation der Erwartungsunsicherheit für den Hund besteht, desto höher der Stresslevel.

Das Versagen
Der Hund hat keinen Erfolg, versagt bei einer Aufgabe und wird in seinen Bemühungen andauernd frustriert. Zusätzlich spürt er eventuell noch die Unzufriedenheit seines Menschen.

Stachelhalsbänder haben in der Ausbildung nichts zu suchen!

Harte Ausbildungsmethoden,

die den Hund ängstigen und/ oder ihm Schmerzen zufügen. Der Hund wird zum Beispiel über den Leinenruck geführt, der ihm Schmerzen in der Halswirbelsäule verursacht und erschreckt. Ebenso zählt hierzu der Einsatz von Stachel- oder Würgehalsbändern, Reizstromgeräten usw. Selbst das Führen mit einem zunächst harmlos anmutenden Kopfhalfter kann bei unsachgemäßer Anwendung schwere physische und psychische Schäden anrichten, die den Hund enorm stressen. Aber auch Ängstigung durch überstrenge, gebrüllte Kommandos und steife Körperhaltung gehören in diese Aufzählung.

Agility, Dog-Dancing, Obedience

Diese Hundesportarten haben ein sehr positives Image und werden mit freudig arbeitenden Hunden assoziiert. Es gilt jedoch zu bedenken, dass hier mit Tempo und teilweise hohem Leistungsdruck gearbeitet wird – vor allem, wenn der Hund auf Wettkämpfen geführt wird und Pokale für seinen Besitzer holen soll.

Auch Hundesportarten mit positivem Image wie zum Beispiel Agility verursachen aufgrund des hohen Tempos und des Leistungsdrucks oftmals Stress.

Vielseitigkeitsprüfung für Gebrauchshunde, VPG (alter Name: Schutzdienst)

Der hier aufgebaute psychische Druck und die physischen Belastungen führen zu hohem Stress. Nicht von ungefähr haben viele Hunde, die im Schutzdienst gearbeitet werden, erhebliche Probleme mit Erkrankungen der Nieren, des Herz-Kreislauf-Systems und des Magen-Darm-Traktes.

Welpenspielgruppen

Sogar die eigentlich wichtigen Welpenspielgruppen können zur Stressparty pur ausarten, wenn sie nicht professionell durchgeführt werden und den Hund in der Dauer, der Gruppengröße und den an ihn gestellten Aufgaben überfordern. Besonders schlimm ist, dass diese Welpen nicht nur für den Augenblick gestresst werden, sondern dass die schlecht durchgeführten Spielgruppen auch erhebliche Auswirkungen auf das spätere Verhalten der Hunde haben. So wird uns zum Beispiel häufig berichtet, dass der Welpe eigentlich müde war, aber trotzdem weiterhin mit Umweltreizen konfrontiert wurde. In einigen Fällen wurden sogar schlafende Welpen geweckt, damit die Spielgruppe fortgesetzt werden konnte. Durch diese Überforderung wird genau das Gegenteil von dem erreicht, was die eigentliche Zielsetzung ist: Die Welpen werden quengelig, teilweise regelrecht gereizt und aggressiv und verknüpfen die zu dieser Zeit gemachten Erfahrungen negativ, weil sie deren Verarbeitung schlichtweg nicht mehr bewältigen können. Als Folge davon werden die entsprechenden Reize als bedrohlich empfunden und mit ängstlichen und/ oder aggressiven Verhaltensweisen beantwortet.

Die psychische und physische Belastung beim Schutzdienst bringt den Hund häufig so in Stress, dass Verhaltensauffälligkeiten und Krankheiten die Folge sind.

Selbst Welpenspielgruppen können zur Stressparty pur ausarten, wenn sie nicht professionell durchgeführt werden und den Hund in der Dauer, der Gruppengröße und den an ihn gestellten Aufgaben überfordern.

Eine so eklatante Überforderung und die daraus resultierenden Aggressionen führen häufig zum Mobbing. Dieses gerade in der jüngsten Vergangenheit viel diskutierte Phänomen darf keinesfalls unterschätzt werden. Denn die Welpen, welche andere mobben, perfektionieren dieses Verhalten von Mal zu Mal. Die anderen jedoch, die gemobbt werden, werden später ebenfalls zu Mobbern, denn sobald sie eine physische wie psychische Reife erlangt haben, die es ihnen erlaubt sich zu wehren, werden sie dies auch tun – und zwar mit der gleichen Vehemenz, mit der sie zuvor drangsaliert wurden. Mit anderen Worten: Mobbing schafft neue Mobber!

Ebenfalls auffällig ist, dass diese Hunde später deutlich gröberes Spielverhalten zeigen und oftmals unsanft mit Sozialpartnern umgehen.

Lassen Sie es also niemals zu, dass Ihr Welpe von anderen zu grob behandelt wird. Helfen Sie ihm, wenn er Schutz sucht oder fliehen will. Greifen Sie ein, wenn er übermäßig stark unterdrückt wird und überfordert ist, indem Sie ihm aus dieser Situation heraushelfen. Glauben Sie niemals einem Trainer, der Ihnen weismachen will, dies sei normal und die Hunde regelten das schon unter sich!

Zu raues und wildes Spielen

Wird ein Spiel zwischen Hund und Hund oder auch Hund und Mensch zu grob, stresst dies den Hund ungemein. Häufig ist das beim Spiel mit Welpen zu beobachten, die dann versuchen, der vermeintlichen „Spiel"-Situation zu entkommen, indem sie sich zurückziehen, sich eventuell sogar unter Büschen oder Sofas verkriechen. Aber auch erwachsene Hunde werden überfordert, wenn das Spiel zu hektisch, beinahe schon aggressionsgeladen wird.

Zu raue und wilde Spiele können den Hund belasten.

Auffällig ist, dass besonders Männer zu grobem, rauem Spiel neigen, weil sie glauben, das mache den Hund hart und er müsse lernen, auch mal was einzustecken. Ebenfalls ein weit verbreiteter Irrglaube ist, dass gerade Welpen, Junghunde oder Rüden dieses raue Spiel bräuchten, um mal so richtig „ausgepowert" zu werden. Aber Vorsicht: Gerade dieses grobe Spiel bringt dem Hund regelrecht bei, sich vehement zu wehren, damit er endlich in Ruhe gelassen wird. Meist ist zuerst ein hektisches Abwehrschnappen in die Luft zu beobachten, das von Abwehrlauten begleitet ist. Wird der Hund nun immer noch nicht in Ruhe gelassen, wird er aus dieser Überforderung anfangen, sein Abwehrverhalten zu verstärken. Schnappt er dann mit Körperkontakt zu, bricht der Mensch dieses Spiel mit einem Aufschrei oder einem Tadeln des Hundes ab und glaubt, dies sei eine Strafe für den Hund, aus der er lernt. Und tatsächlich stimmt es auch, dass der Hund etwas lernt, allerdings etwas, das er eigentlich nicht lernen sollte – nämlich, dass er nur dann zur Ruhe kommt, wenn er sich vehement körperlich verteidigt.

Ähnliche Situationen lassen sich auch unter Hunden beobachten, weshalb ein zu aufgepeitschtes Spiel unterbrochen werden sollte.

Hektik, Gewalt, Wut, Ärger, Aggression

im sozialen Umfeld des Hundes. Zum Beispiel Streit in der Familie oder Dauerstress und gereizter Umgangston am Arbeitsplatz, zu dem der Hund mitgenommen wird. Er ist zwar nicht persönlich mit diesen Gefühlsausbrüchen gemeint, wird aber durch die Stimmungsübertragung gestresst.

Streit und eine gereizte Stimmung in der Familie stressen den Hund – auch wenn er nicht selbst gemeint ist.

Kinder

Sie sind bis zu einem gewissen Alter noch nicht in der Lage, den Hund als eigenständiges, fühlendes Lebewesen zu begreifen, und so kann es passieren, dass sie den Hund festhalten, an ihm ziehen und zerren, ihn als Plüschtierersatz betrachten. Eine entsprechende Anleitung durch die Eltern ist deshalb sehr wichtig. Aber auch das Toben und Schreien beim Spielen, geräuschvolles Spielzeug wie Feuerwehrautos und Tröten, lautstarkes Protestieren oder Weinen kann den Hund überfordern.

Viel Unruhe im häuslichen Bereich

Ein gastfreundlicher Haushalt mit ständig wechselndem Besuch, fremden Menschen, die den Hund ansprechen oder einfach mit ständiger Geräuschkulisse können einen

Hund ebenso stressen wie den Menschen – irgendwann braucht jeder mal seine Ruhe.

Zu viel emotionale Aufregung,

sei sie positiv oder negativ, stresst den Hund. Hierzu kann auch die Auseinandersetzung mit unbekannten Situationen gehören, selbst wenn diese ungefährlich sind. Das Erkunden von Neuem und das Aufnehmen und Verarbeiten von Reizen strengt an. Der Hund braucht anschließend ausreichend lange Ruhephasen, um Erregungszustände wieder abbauen zu können.

Jagd- und Rennspiele

Bei jedem Spiel, bei dem der Hund einer „Beute" wie zum Beispiel einem geschleuderten Ball oder einem geworfenen Stöckchen hinterherjagt, wird die letzte Sequenz des Beuteschlagens spielerisch imitiert.

Ein unruhiger Haushalt mit viel Besuch, ständiger Geräuschkulisse und tobenden Kindern beinhaltet viele Stressfaktoren.

Bei Kaniden besteht die Jagd auf ein Beutetier aus verschiedenen Handlungssequenzen. Es beginnt mit dem Ausfindigmachen der Beute, das oft Stunden, manchmal Tage in Anspruch nimmt. Ist das Beutetier schließlich geruchlich oder per Sicht aufgespürt, wird zunächst die Fährte und dann das Tier selbst verfolgt. Dann wird es belauert, eventuell vor sich hergetrieben, um es nicht zur Ruhe kommen zu lassen und es zu erschöpfen. Auch dieser Prozess kann sich wieder über Stunden oder sogar Tage hinziehen. Schließlich erfolgt der Angriff. Um die hierfür erforderliche Aggressionsbereitschaft, Geschwindigkeit und Kraft bereitzustellen, schüttet der Körper Adrenalin aus. Wie im Kapitel über die Physiologie des Stresses schon beschrieben, bewirkt Adrenalin eine optimale

Energiebereitstellung und es kommt zur Schärfung der Sinne, zu einer gesteigerten Reaktionsgeschwindigkeit und einer erhöhten Handlungs- und Aggressionsbereitschaft.

Man muss sich also darüber im Klaren sein, dass man beim Stöckchen- oder Ballspielen diese Adrenalinausschüttung viele Male hintereinander auslöst, da diese oben genannte letzte Sequenz des Beute-

Wilde Rennspiele machen Spaß, sollten aber nicht zu lange andauern, da sie die Hunde sonst zu sehr hochpowern.

schlagens ständig wiederholt wird. Das ist auch einer der Gründe dafür, dass sich Hunde bei dieser Art des Spielens enorm aufpeitschen und viel schneller bereit sind, ihre vermeintliche Beute zu verteidigen.

Auch bei exzessiven Rennspielen, bei denen ein Hund versucht, den anderen zu fangen, wird derselbe Mechanismus in Gang gesetzt. Hält ein solches Rennspiel zu lange an, kann es schnell ins Mobbing oder sogar in offene Aggression kippen. Aber auch ohne dieses Kippen in aggressive Verhaltensweisen wird der Hund durch die Adrenalinausschüttung und die damit verbundenen körperlichen Veränderungen gestresst.

Un-hundliches, das heißt für den Hund unverständliches Verhalten

Der Mensch straft seinen Hund zum Beispiel für angeblich dominantes Verhalten, der Hund hat sich situationsbezogen aber vollkommen korrekt verhalten – der Mensch hat die Situation nur aus mangelndem Fachwissen falsch interpretiert.

BEISPIEL: *Ben, ein zweijähriger Dobermannrüde, wird von seinem Besitzer bestraft, weil er sich dem dreijährigen Schäferhund Sam in Imponierhaltung nähert und diesen deutlich androht. Herr M. glaubt, sein Hund sei übermäßig dominant und müsse in die Schranken gewiesen werden. Was Herr M. nicht weiß: Eben dieser Schäferhund Sam hat Ben vor zwei Tagen regelrecht überfallen, als Frau M. mit ihm spazieren ging. Ben hat nun also doppelten Stress: Nicht nur, dass er sich mit einem Gegner konfrontiert sieht, gegen den er sich seiner Erfahrung nach wehren muss, sondern er wird hierfür auch noch von seinem Herrchen bestraft, der die Situation falsch einschätzt.*

EIN WEITERES BEISPIEL: *Bella, eine eigentlich sehr zurückhaltende und eher ängstliche Terriermischlingshündin, knurrt alle anderen Weibchen an, wenn ihr diese zu nahe kommen. Frau B. wurde in ihrer Hundeschule erklärt, dass ihre Hündin eindeutig dominant-aggressiv gegen gleichgeschlechtliche Artgenossen sei, was bei Terriern immer so sei, jedoch nicht geduldet werden dürfe. Die Hündin sei ebenfalls dominant gegenüber Frau B., wenn sie auf Aufforderung nicht sofort mit diesem Verhalten aufhöre. Deshalb müsse Frau B. die Hündin auf den Rücken drehen, um sie zu unterwerfen. In Wirklichkeit war Bella aber aufgrund schlechter Erfahrungen in der Vergangenheit angst-aggressiv, denn sie war als Junghund zweimal von Weibchen so stark gebissen worden, dass sie sogar genäht werden musste. Die beiden Vorfälle lagen nur fünf Wochen auseinander, und seitdem versucht Bella, durch aggressive Verhaltensweisen andere Weibchen auf Distanz zu halten. Der Stress, dem sie dadurch ausgesetzt wird, dass sie in einer so extrem angstbesetzten Situation auch noch von ihrer eigentlich wichtigsten Vertrauensperson körperlich bestraft wird, ist kaum vorstellbar.*

Körperliches Unwohlsein

Stress kann aber auch ausgelöst werden durch körperliches Unwohlsein, verursacht durch Hunger, Durst, Kälte, Hitze,

Lärm, die fehlende Möglichkeit von Kot- und Urinabsatz usw.

Unwetter

wie Gewitter mit Blitz und Donner, Sturm, starker Regen, Hagel und Naturkatastrophen wie Erdbeben.

Unterbringung in einer Tierpension

Die ungewohnte Umgebung, die fremden Gerüche und vor allem die Trennung vom Halter und dem vertrauten Zuhause können großen Stress auslösen. Viele Hunde reagieren mit Durchfall oder Appetitlosigkeit bis hin zur Futterverweigerung, einige werden regelrecht apathisch.

Viele Hunde fürchten sich vor Unwettern und Naturkatastrophen – und kommen in Stress.

Besuch beim Tierarzt/ in der Tierklinik

Abgesehen davon, dass der Hund oftmals körperliche Beschwerden hat, die den Besuch beim Tierarzt nötig machen, kommen viele weitere belastende Faktoren hinzu: der Geruch der Angst der anderen anwesenden Tiere, die unangenehmen Erfahrungen, die bei früheren Besuchen in der Praxis gesammelt wurden, die Aufregung des Halters, das Unterschreiten der Individualdistanz bei der Untersuchung, eventuell schmerzhafte Behandlungen und vieles mehr. Auch wenn der Tierarzt redlich bemüht ist, so rücksichtsvoll wie möglich mit seinem Patienten umzugehen – jeder Hund ist froh, wenn er die Praxis wieder verlassen kann.

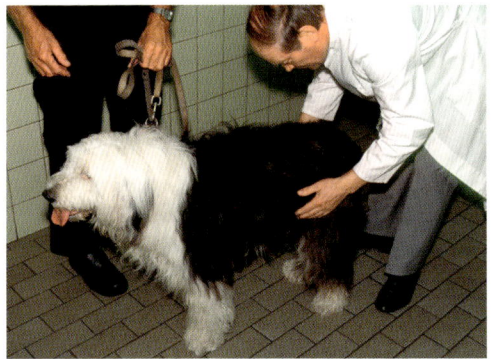

Unangenehme frühere Erfahrungen, fremdartige Gerüche und das Unterschreiten der Individualdistanz durch einen Fremden – dies sind nur einige der Stressfaktoren beim Tierarztbesuch.

Besuch eines Hundepflegesalons

Auch hier stressen die vielen Geräusche wie zum Beispiel das der Schermaschine oder des Föhns und die massive Unterschreitung der Individualdistanz. Die Tatsache, gebadet und shampooniert zu werden, auf einem Tisch zu stehen, am Galgen zu hängen und die Krallen geschnitten zu bekommen, begeistert nur sehr wenige Hunde. Zusätzlich lässt Herrchen/ Frauchen den Hund allein zurück.

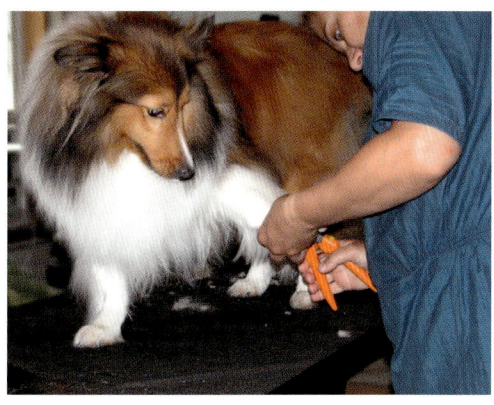

Manche Hunde sind vom Besuch beim Hundefriseur sehr gestresst.

Erfreulicherweise gibt es immer mehr Hundepfleger(innen), die auf der Basis von Hausbesuchen arbeiten, sich Zeit für ihren vierbeinigen Klienten nehmen und bei deren Arbeit die Halter anwesend sein dürfen.

Ausstellungen/ Messen

Es bedarf wohl keiner weiteren Erklärung, warum diese Veranstaltungen in Großraumhallen mit bis zu 5000 Besuchern täglich extrem anstrengend und stressig für Hunde sind. Reizüberflutung total, kombiniert mit nur sehr wenig Bewegungsmöglichkeit und oft stundenlanger vorhergehender und anschließender Autofahrt bei der An- und Abreise.

Autofahrten

Viele Hunde sind durch die vorbeirasenden Eindrücke überfordert und kläffen ununterbrochen. Andere haben die Fahrt im Auto mit negativen Erlebnissen, wie zum Beispiel dem Tierarztbesuch oder der Trennung von Mutter, Wurfgeschwistern und der bisher vertrauten Umgebung bei Abholung vom Züchter verknüpft und fürchten sich deshalb. Wieder anderen wird schlecht und sie müssen ständig sabbern oder sich übergeben. Sie alle sind gestresst.

Einschränkung der Bewegungsmöglichkeit,

zum Beispiel bei dauerhafter Ketten- oder Zwingerhaltung, aber auch reiner Gartenhaltung ohne Spaziergänge usw.

Einsamkeit/ Langeweile

Auch Hunde leiden unter Einsamkeit und Langeweile, wenn sie zu oft und zu lange allein gelassen werden, keinen ausreichenden Familienanschluss oder einfach nichts zu tun haben.

Verlassenheitsängste

Bei vielen Hunden löst das Alleingelassenwerden Angst und Stress aus.

Sie können in fremder Umgebung auftauchen, wenn der Hund zum Beispiel vor einem Kaufhaus angebunden und kurz zurückgelassen wird oder auch zu Hause, wenn er noch nicht durch Training an das Alleinbleiben gewöhnt wurde. Nicht nur Welpen, sondern auch erwachsene Hunde müssen erst lernen, dass sie sich vor dieser Situation nicht zu fürchten brauchen und darauf vertrauen können, dass ihre Menschen zurückkommen. Ist dieser Lernprozess noch nicht durchlaufen, empfindet der Hund große Angst, wenn seine Bezugsperson fort ist. Es bleibt zu bedenken, dass es für ein Rudeltier nicht selbstverständlich ist, von seinem Sozialverband getrennt zu werden und allein zurückzubleiben.

Zu hohe Populationsdichte

Wenn zu viele Hunde auf zu begrenztem Raum gehalten werden, nicht genug Rückzugsmöglichkeiten bestehen und die Individualdistanz nicht ausreichend gewahrt werden kann, entsteht Stress. Dies gilt für zu viele Hunde in einem Haushalt ebenso wie für Hunde, die in Tierheimen, Forschungsstationen oder Ähnlichem gehalten werden. Oftmals kommt es hier vermehrt zu einem stressbedingten Mobbing und auch verstärkt zu anderen aggressiven Verhaltensweisen. Wie lange ein Hund diese Situation kompensieren bzw. ertragen kann, hängt von mehreren Faktoren ab wie zum Beispiel: Wie beengt ist die Situation? Bestehen Konfliktpotentiale innerhalb der Gruppe? Bleibt die Gruppe konstant oder ändert sie sich durch Herausnahme einzelner Tiere bei Vermittlung/Weitergabe? Wie alt ist der Hund? Wie ist sein Gesundheitszustand? Welcher Rasse gehört der Hund an?

Falsche Zusammensetzung mehrerer Hunde in einem Haushalt

Hierbei muss es nicht unbedingt gleich zu ernsthaften Beißereien kommen. Schon das ständige Sich-aus-dem-Weg-Gehen und Umeinander-Herumschleichen stresst enorm. Ähnlich wie bei uns Menschen. Stellen Sie sich vor, Sie müssten Ihr Zuhause, den Ort, an den Sie sich zurückziehen und wo Sie sich wohl fühlen wollen, mit einem Menschen teilen, den Sie eigentlich

nicht mögen und mit dem ständig ein unterschwelliger Konflikt brodelt. Keine angenehme Vorstellung. Aber viele Hundehalter bringen ihr Tier in genau diese Situation. Ohne auf Sympathien oder Antipathien zu achten, wird ein weiterer Hund in den Haushalt gebracht – und oftmals wird dies mit Stress-Symptomen wie Durchfall, Erbrechen, innerer Unruhe oder auch Apathie beantwortet.

Eine falsche Passung der im Haushalt lebenden Hunde kann schnell zu Problemen führen.

Emotionale Überfrachtung

Der Hund wird mit den emotionalen Bedürfnissen seines Halters überfrachtet. Er wird nicht nur vollkommen vermenschlicht und somit als Hund nicht verstanden, sondern auch manchmal mit Liebe und Zuwendung überschüttet, um kurz darauf gar nicht beachtet zu werden, weil sein Mensch sich inzwischen anderweitig beschäftigt. Ein Wechselbad der Gefühle, das keinen Hund kalt lässt.

Körperkontakt

Ebenso kann zu häufiger oder zu seltener Körperkontakt Stress auslösen. Kleine Hunde wie zum Beispiel der Cavalier King Charles Spaniel oder der Chihuahua oder auch Welpen werden ständig hochgehoben, getätschelt und geküsst. Beobachtet man das Mienenspiel, die Körpersprache und die ausgesendeten Beschwichtigungssignale dieser Hunde, wird schnell klar, dass es des Guten zu viel ist. Andere Hunde wiederum bekommen kaum körperlichen Kontakt, werden kaum gestreichelt. Wird ein Hund in seinem Bemühen um soziale Zuwendung permanent zurückgewiesen, löst diese strikte Ablehnung ebenfalls Stress aus.

Nicht jeder Hund ist davon begeistert, auf dem Arm herumgetragen zu werden.

Zu viele oder gar keine Regeln im täglichen Zusammenleben

Beides kann den Hund überfordern. Ein Hund, der immer reglementiert wird, dem ständig vorgeschrieben wird, was er zu tun bzw. zu lassen hat, gerät schnell unter Stress. Aber auch ein Hund, dem keinerlei Spielregeln für das tägliche Zusammenleben mit seinen Menschen vorgegeben werden und dem somit die Sicherheit und Routine im Umgang mit uns fehlt, fühlt sich nicht wohl.

Falsche Passung zwischen Mensch und Hund

Der Hund kann den Anforderungen seines Menschen nicht gerecht werden, weil dessen Lebensumstände nicht zu den Grundbedürfnissen des Hundes passen. Ein Beispiel wäre der Weimaraner oder Deutsch Langhaar aus jagdlich geführter Hochleistungszucht, der mit einem Vollzeitberufstätigen in einer Drei-Zimmer-Wohnung leben soll und zweimal täglich um den Block geführt wird. Ein anderes Beispiel wäre der Basset mit verkrüppelt gezüchteten Beinen, der sein Frauchen auf ausgedehnte Bergwanderungen begleiten soll. Die Reihe ließe sich beliebig fortsetzen und gibt – wie immer – zu denken darüber, wie man Menschen davon überzeugen kann, ihre zukünftigen Sozialpartner auf vier Pfoten nicht nach dem ach so niedlichen Aussehen auszusuchen.

UMFRAGE ZU DEN LEBENSBEDINGUNGEN VON HUNDEN UND ZU STRESS-SYMPTOMEN

EINFÜHRUNG IN DIE UMFRAGE

Der Fragebogen

Er enthält 40 Fragen zum täglichen Leben von Hunden und zu möglichen Stress-Symptomen. Er wurde an interessierte Hundebesitzer im Freundes- und Kundenkreis verteilt und über das Internet zugänglich gemacht. 224 ausgefüllte Fragebögen wurden zurückgeschickt und ausgewertet. Bei Durchsicht der Bögen fiel auf, dass sich einige Teilnehmer überdurchschnittlich viel mit Hunden beschäftigt haben, da sie selbst als Trainer oder Gesundheitsberater für Hunde tätig sind.

Die 40 Fragen sind in verschiedene Abschnitte unterteilt. Im ersten Teil geht es um allgemeine Angaben über den Hund, es wird unter anderem nach Rasse, Alter und Geschlecht gefragt.

Im zweiten Teil folgen Fragen zu den Lebensbedingungen des Hundes: Wo hält er sich tagsüber auf, wie oft und wie lange geht er spazieren, wie häufig hat er dabei die Gelegenheit zum Freilauf und die Möglichkeit, Artgenossen zu treffen und wie viele Stunden am Tag schläft er?

Im dritten Teil folgen einige Fragen über eventuell vorhandene Krankheiten.

Der vierte und letzte Teil des Fragebogens beinhaltet eine Liste bestimmter Symptome und Verhaltensweisen, die als Stressindikatoren gelten können.

Methode für die Vergabe von Stresspunkten

Der Fragebogen enthält 15 mögliche Stressindikatoren. Die Teilnehmer der Umfrage wurden gebeten anzugeben, wie häufig jede Verhaltensweise auftritt. Sie konnten sich zwischen

☐ nie   ☐ selten
☐ häufiger   oder   ☐ oft

entscheiden.

Um die Antworten statistisch auswerten zu können, wurden für jede Antwort Punkte wie folgt vergeben:

Bei den ersten beiden Fragen (Unruhe, Hyperaktivität)
    nie = 0 Punkte; selten = 5 Punkte;
    häufiger = 10 Punkte; oft = 20 Punkte,
bei allen anderen Fragen
    nie = 0 Punkte; selten = 1 Punkt;
    häufiger = 5 Punkte; oft = 10 Punkte.

Abschließend wurde die Summe aller Stresspunkte für jeden Hund errechnet.

Auswertung der Stresspunkte

Als Vergleichswert für alle Auswertungen wurde zuerst der Durchschnittswert für die 224 Hunde ermittelt. Alle Stresspunkte wurden addiert und durch die Gesamtzahl der Hunde geteilt. So konnte als Durchschnitt der Stresspunktesumme für alle Hunde die Zahl 22,85 ermittelt werden. Ergibt die Auswertung für bestimmte Gruppen eine deutlich höhere oder niedrigere Zahl als 22,85, so kann man davon ausgehen, dass die Stressbelastung deutlich höher oder niedriger als im Durchschnitt liegt.

ERGEBNISSE DER UMFRAGE

RASSEN

Die erste Frage war die nach der Rasse. Die genannten wurden in Gruppen eingeteilt. Der Durchschnitt der Stresspunkte der einzelnen Rassen wurde miteinander verglichen.

Rasse	Anzahl (Prozent)	Durchschnitt der Stresspunkte
1 Mischlingshunde	71 (31,7 %)	22,4
2 Gebrauchshunde*	36 (16,1 %)	30,2
3 Hütehunde (vor allem Border Collies)	35 (15,6 %)	24,4
4 Herdenschutzhunde	18 (8,0 %)	13,9
5 Pudel und andere Begleithunde	17 (7,6 %)	21,4
6 Terrier	14 (6,2 %)	15,9
7 Retriever	13 (5,8 %)	20,8
8 Jagdhunde	12 (5,4 %)	23,1
9 Windhunde	4 (1,8 %)	15,3
10 Nordische Hunde	4 (1,8 %)	29,5

Mit Gebrauchshunden sind die Rassen gemeint, die traditionell im Schutzhundesport geführt werden, wie Deutscher Schäferhund, Riesenschnauzer, Boxer, Dobermann, Rottweiler, Hovawart, Airedale Terrier, Bouvier und Malinois.

Die Auswertung als Diagramm:

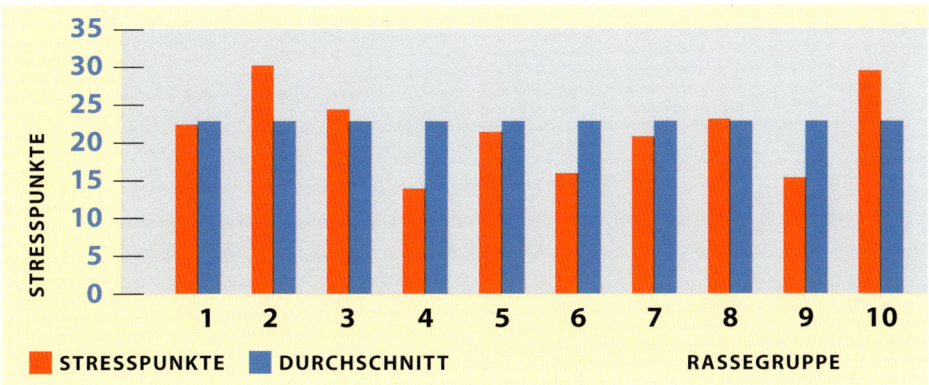

Die höchste Stressbelastung hat nach dieser Auswertung die Gruppe der Gebrauchshunde. Die Ursache dafür kann nicht allein im Hundesport an sich gesehen werden, denn wie eine noch folgende Auswertung zeigen wird, hat die Ausübung einer Hundesportart allein nicht unbedingt Einfluss auf den Stresslevel, dem ein Hund ausgesetzt ist. Es kommt im Wesentlichen darauf an, auf welche Art und Weise und wie oft trainiert wird. Eine Ursache für das oben genannte Ergebnis könnte sein, dass diese Rassen meist über eine niedrigere Reizschwelle als andere verfügen, was leicht zu Stress führen kann, da der Hund dann häufiger überreagiert. In diesem Zusammenhang ist der Vergleich mit den Herdenschutzhunden sehr interessant, die gerade für ihre hohe Reizschwelle bekannt sind. Der Durchschnittswert der Herdenschutzhunde beträgt 13,9 Stresspunkte und liegt damit deutlich niedriger als der Gesamtdurchschnitt von 22,85.

GESCHLECHT

Die Frage nach dem Geschlecht brachte folgende Ergebnisse:

	Anzahl der Hunde	Durchschnitt der Stresspunkte
Rüden	107	24,55
kastrierte Rüden	36 (33,6 % der Rüden)	27,10
Hündinnen	109	21,44
kastrierte Hündinnen	59 (54,1 % der Hündinnen)	23,88

Von den 224 Hunden sind 107 Rüden und 109 Hündinnen. Acht Teilnehmer haben diese Frage nicht beantwortet.

Sowohl kastrierte Rüden als auch kastrierte Hündinnen weisen einen höheren durchschnittlichen Stresspunktewert auf als die Gesamtzahl der Rüden und Hündinnen.

Eine hierfür oft abgegebene Erklärung ist, dass ein verändertes Sozialverhalten anderer Hunde den kastrierten Tieren gegenüber für diese vermehrt Stress bedeutet. So wird häufig berichtet, dass unkastrierte Rüden ihre kastrierten Geschlechtsgenossen nicht mehr wie Rüden behandeln, sondern eher wie gut duftende Hündinnen und daher vermehrt aufreiten. Wahrscheinlicher als Erklärung ist jedoch, dass häufig versucht wird, Verhaltensprobleme jeglicher Art durch eine Kastration zu lösen. Das bedeutet, viele kastrierte Hunde wiesen mit großer Wahrscheinlichkeit schon vor der Kastration einen erhöhten Stresspegel auf, und die Kastration ist offensichtlich nur selten geeignet, diese Probleme zu lösen. Weiterhin fällt auf, dass Rüden generell einen höheren Durchschnittswert der Stresspunkte aufweisen als Hündinnen.

Zusammenfassung weiterer Umfrageergebnisse

- 137 Hunde (61,2 %) kamen bereits im Welpenalter in ihre Familien.
- 35 Hunde (15,6 %) waren jünger als 1 Jahr, als sie zu ihren Besitzern kamen.
- 49 Hunde (21,9 %) waren bereits erwachsen, als sie übernommen wurden.
- 204 von 224 Hunden (91,1 %) halten sich tagsüber im Haus auf.
- 157 Hunde (70,1 %) dürfen die Nacht mit im Schlafzimmer verbringen.
- 4 Hunde (1,8 %) werden dauerhaft im Zwinger gehalten.

RUHEPHASEN

Gefragt wurde, wie viele Stunden der Hund täglich schläft oder ruht.

Die folgende Tabelle zeigt das Ergebnis:

Anzahl der Stunden, die der Hund ruht	Anzahl der Hunde	Durchschnitt der Stresspunkte
bis zu 10 Stunden	23 (10,3 %)	27,0
11 bis 13 Stunden	28 (12,5 %)	25,0
14 bis 16 Stunden	78 (34,8 %)	24,4
17 bis 19 Stunden	72 (21,6 %)	21,6
20 Stunden oder länger	23 (10,3 %)	14,7

Die Auswertung als Diagramm:

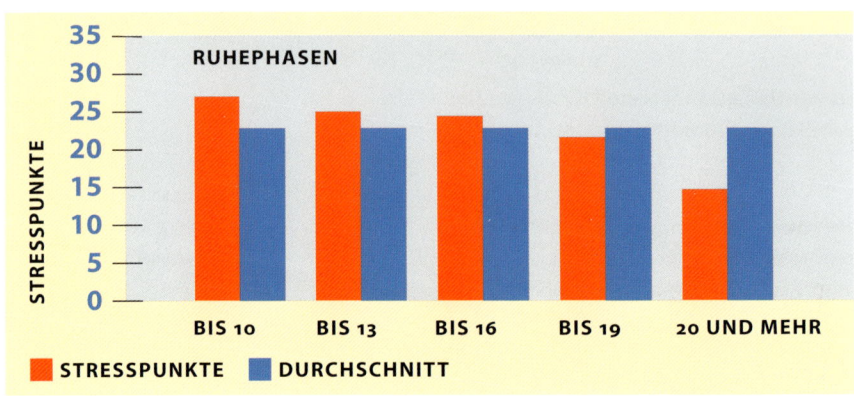

Hunde, die weniger als 17 Stunden pro Tag schlafen oder ruhen, haben einen deutlich höheren Stresspunktewert als der Gesamtdurchschnitt. Es muss also davon ausgegangen werden, dass jeder Hund die Möglichkeit haben sollte, 17 Stunden täglich zu schlafen oder zu ruhen.

Nachdem die Summe der Stresspunkte mit jeder Stunde weniger Schlaf kontinuierlich ansteigt, kann man es als Stress-Symptom betrachten, wenn der Hund nicht zur Ruhe kommt. Mit anderen Worten: Fördert der Hundehalter die Aktivität des Hundes im Übermaß, kann dies der Grund für die Stressprobleme des Tieres sein. Aus diesem Grund sollte jeder Hundehalter darauf achten, dass nach Tagen vermehrter Aktivität für den Hund Tage mit ausgiebigen Ruhephasen folgen.

ALLEINSEIN

Der nächste Punkt der Auswertung drehte sich um die Frage, ob und wie lange der Hund allein bleiben muss. Muss der Hund regelmäßig allein zu Hause bleiben? Wenn ja, wie viele Stunden durchschnittlich?

Hund muss regelmäßig allein bleiben	Anzahl der Hunde	Durchschnitt der Stresspunkte
0 Stunden	76 (34,4%)	22,1
1 Stunde	30 (13,4%)	23,2
2 bis 3 Stunden	37 (16,5%)	22,6
4 bis 5 Stunden	46 (20,8%)	21,4
6 oder mehr Stunden	35 (15,6%)	26,3

Die Auswertung als Diagramm:

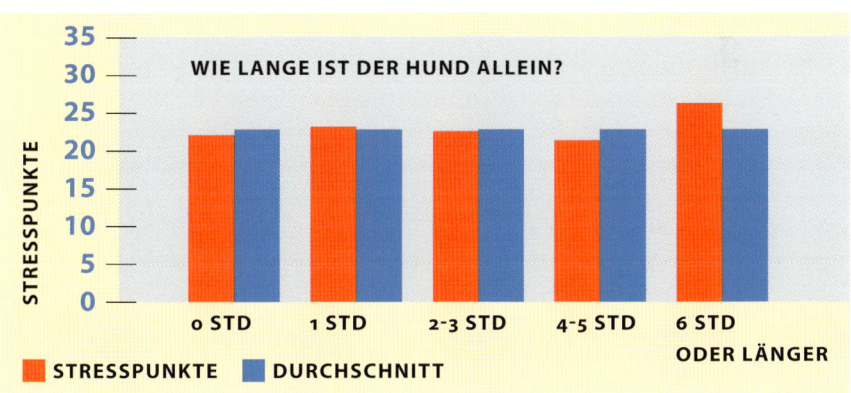

Wird der Hund nicht mehr als fünf Stunden täglich allein gelassen, sind die ermittelten Stresspunktewerte im Bereich des Gesamtdurchschnitts aller teilnehmenden Hunde von 22,85. Der niedrigste Wert mit 21,4 findet sich für die Gruppe, die täglich vier bis fünf Stunden alleine bleiben muss. Eine mögliche Erklärung wäre, dass diese Hunde ausreichend viel Zeit zum Schlafen und Ruhen haben, was sich als wichtig herausgestellt hat. Voraussetzung ist natürlich, dass der Hund das Alleinsein Schritt für Schritt erlernt hat und nicht Angst oder gar Panik empfindet, sobald seine Menschen das Zuhause verlassen. Da der Wert der Gruppe, die sechs Stunden und länger allein bleiben muss, mit 26,3 deutlich höher als der Durchschnitt liegt, muss gefolgert werden, dass dies eine zu lange Zeitspanne ist.

MIT DEM HUND SPAZIEREN GEHEN

Die nächsten Fragen befassen sich mit den Gewohnheiten des gemeinsamen Spaziergangs. In der ersten Frage wurde ermittelt, wie lange ein Hund insgesamt pro Tag ausgeführt wird. Die folgende Tabelle zeigt das Ergebnis:

Stunden	Anzahl der Hunde	Durchschnitt der Stresspunkte
bis zu 2 Stunden	116 (51,8 %)	21,8
3 Stunden	82 (36,6 %)	23,1
mehr als 3 Stunden	26 (11,6 %)	26,9

Der ermittelte Stresspunktewert für die Gruppe der Hunde, die drei Stunden pro Tag ausgeführt werden, ist mit 23,1 nur geringfügig höher als der Durchschnittswert aller Hunde. Der Wert für die Gruppe, deren Hunde mehr als drei Stunden täglich unterwegs sind, ist mit 26,9 deutlich höher als der Vergleichswert. So liegt die Vermutung nahe, dass viele Hunde damit überfordert sind, wenn sie besonders ausgiebig spazieren geführt (und überallhin mitgenommen) werden. Nach den Ergebnissen dieser Auswertung muss also eine Balance gefunden werden zwischen ausreichen-

den Schlaf- und Ruhephasen und gemeinsamen Aktivitäten – denn ein Defizit bei den Schlaf- und Ruhephasen führt
ebenso zu Stress wie ein Defizit oder ein Übermaß bei den
Aktivitäten.

Die Auswertung als Diagramm:

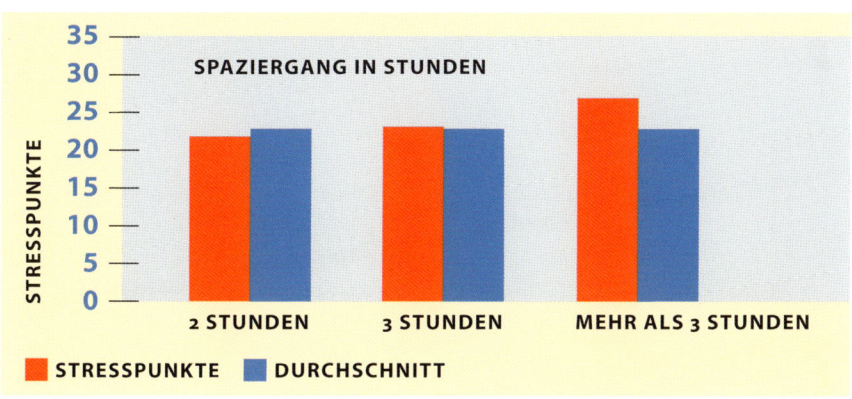

FREILAUF UND KONTAKT ZU ARTGENOSSEN
Die nächsten Fragen beschäftigen sich mit der Möglichkeit
zum Freilauf und zum Kontakt mit Artgenossen.

Darf Ihr Hund frei laufen?	Hat Ihr Hund dabei Kontakt zu Artgenossen?	Anzahl der Hunde	Durchschnitt der Stresspunkte
ja	ja	126	21,4
ja	nein	43	26,3
nein	ja	20	23,6
nein	nein	35	23,4

Diese Tabelle zeigt, dass die Hunde, die regelmäßig im Freilauf andere Hunde treffen, den niedrigsten Stresspunktewert aufweisen. Ein Ergebnis, das kaum überrascht.

Die zweite Zeile repräsentiert die Hunde, die zwar die Möglichkeit zum Freilauf, aber keinen regelmäßigen Kontakt zu anderen Hunden haben. Hier ist der durchschnittliche Stresspunktewert mit 26,3 deutlich höher als in der ersten Gruppe.

In Zeile drei und vier sind die Hunde vertreten, die überwiegend an der Leine geführt werden. Sie weisen einen höheren Stresspunktewert auf als die Hunde, die überwiegend frei laufen dürfen und Kontakt zu Artgenossen haben. Zusammenfassend ist also für diese Frage festzuhalten, dass es für ein so lauffreudiges und soziales Lebewesen wie einen Hund offensichtlich von essentieller Bedeutung ist, frei laufen und Artgenossen treffen zu dürfen.

BEDROHUNG

Die nächste Frage untersucht für den Hund bedrohliche Situationen, in denen er Angst oder aggressives Verhalten zeigt.

Die folgende Tabelle zeigt das Ergebnis:

Der Hund fühlt sich bedroht	Anzahl der Hunde	Durchschnitt der Stresspunkte
nie oder selten	157 (70,1 %)	18,5
häufiger oder oft	67 (29,9 %)	33,1

Die Auswertung als Diagramm:

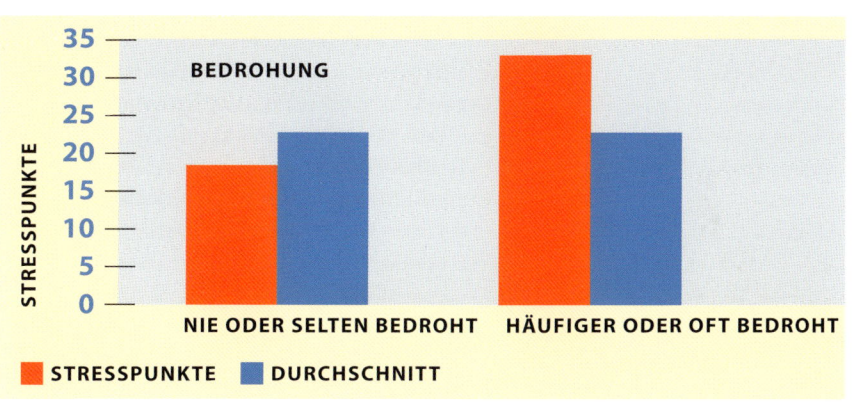

Der Durchschnittswert der Hunde, die sich häufig oder oft bedroht fühlen, ist 33,1. Dieser ist um fast 50 % höher als der Vergleichswert (!) und zeigt, dass das Gefühl häufiger Bedrohung, Angst zu haben und eventuell auf eine Bedrohung aggressiv reagieren zu müssen, ein gravierendes Problem für diese Hunde darstellt und den Stresslevel stark ansteigen lässt.

SPIELE UND HUNDESPORT

Die erste Frage dieses Abschnittes war, ob der Hundebesitzer regelmäßig mit seinem Hund spielt. In der zweiten Frage geht es darum, ob Kinder unter 12 Jahren regelmäßig mit dem Hund spielen. Die Tabelle zeigt das Ergebnis:

Regelmäßiges Spiel mit dem Hund	Anzahl der Hunde	Durchschnitt der Stresspunkte
ja	193 (86,1 %)	23,7
nein	31 (13,9 %)	17,8
auch Kinder spielen mit dem Hund	38 (17,0 %)	23,8

Der Durchschnittswert der Stresspunkte für die Hunde, mit denen gespielt wird, liegt geringfügig über dem Vergleichswert. Überraschend war das Ergebnis, dass es anscheinend nicht entscheidend ist, ob an dem Spiel Kinder beteiligt sind oder nicht. Dabei muss unbedingt berücksichtigt werden, dass es sich bei den meisten Teilnehmern dieser Umfrage um erfahrene Hundehalter handelt, die ihre Kinder vermutlich beim Spiel mit dem Hund anleiten und beaufsichtigen. Die Autorinnen weisen ausdrücklich darauf hin, dass sie die Anleitung und Beaufsichtigung von Kindern beim Spiel mit Hunden für unabdingbar halten.

Wenn man die Werte der Hunde, mit denen gespielt wird, mit denen der Gruppe vergleicht, deren Besitzer nicht regelmäßig mit ihnen spielen, fällt auf, dass deren Wert mit 17,8 deutlich niedriger ist. Somit wird deutlich, dass regelmäßiges Spiel den Stresspegel des Hundes steigern kann. Natürlich kommt es aber auch hier darauf an, wie oft, wie lange und auf welche Art und Weise gespielt wird.

Die nächste Frage beschäftigte sich damit, ob und in wie vielen verschiedenen Hundesportarten der Hund ausgebildet/geführt wird. Die folgende Tabelle zeigt das Ergebnis:

Anzahl der Hundesportarten	Anzahl der Hunde	Durchschnitt der Stresspunkte
keine	115 (51,3 %)	22,5
1 oder 2	85 (37,9 %)	22,4
3 oder mehr	23 (10,3 %)	24,9

Die Ergebnisse zeigen, dass es für die Stressbelastung offensichtlich nicht von Bedeutung ist, ob ein Hund Hundesport macht oder nicht. Auch die Frage, ob er in unterschiedlichen Hundesportarten geführt wird, scheint keine große Rolle zu spielen. Erst wenn es sich um drei oder vier verschiedene Disziplinen handelt, steigt der Stresspunktewert. Hier scheint es demnach schwierig zu werden, den Hund mit dem Ausmaß und der Intensität des Trainings nicht zu überfordern. Es ist also, wie so oft, eine Frage dessen, wie oft, mit welchen Methoden und nicht zuletzt mit wie viel Ehrgeiz trainiert wird. Es empfiehlt sich daher, auf Stress-Symptome zu achten und wenn nötig die Trainingszeiten zu reduzieren und weniger vom Hund zu verlangen.

KRANKHEITEN

Die nächsten Fragen bezogen sich auf das Thema Krankheiten. Vier Fragen wurden gestellt. Die erste war, ob der Hund häufig krank ist oder nicht.

In den nächsten drei Fragen wurde versucht, die Krankheiten zu spezifizieren. Gefragt wurde nach Allergien, nach Erkrankungen der Haut und nach Magen-Darm-Problemen bzw. Durchfall. Die folgende Tabelle zeigt das Ergebnis:

	Anzahl der Hunde	Durchschnitt der Stresspunkte
nie oder selten krank	200 (89,3 %)	21,9
häufiger oder oft krank	24 (10,7 %)	30,8
Hund leidet unter Allergien	30 (13,4 %)	23,7
Hund hat Hautprobleme	18 (8,0 %)	26,3
Hund hat Magen-Darm-Probleme/ Durchfall	26 (11,6 %)	35,5

Die Auswertung als Diagramm:

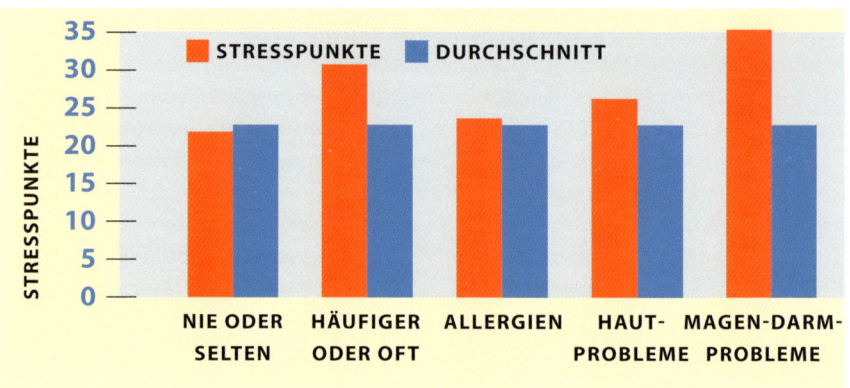

Zunächst ist es sehr erfreulich, dass fast 90 % der Hundebesitzer angaben, ihr Tier habe keine gesundheitlichen Probleme. Der Durchschnittswert der Stresspunkte von Hunden, die häufig oder oft krank sind, ist 30,8 und somit in Relation zum Vergleichswert aller Hunde (22,85) sehr hoch. Dies ist natürlich kaum verwunderlich, da jede Krankheit für den von ihr betroffenen Organismus auch Stress bedeutet.

Die Gruppe der Hunde, die an Magen-Darm-Problemen oder Durchfall leiden, hat einen besonders hohen Stresspunktewert. Er ist mit 35,5 der höchste ermittelte Wert der gesamten Statistik. Daraus lässt sich schließen, dass Magen-Darm-Probleme und Durchfall sehr eng mit Stress zusammenhängen und auch als Stress-Symptom angesehen werden müssen. In Tierarztpraxen und Hundeschulen wird auch immer wieder über Hunde berichtet, die auf belastende Situationen mit Magen-Darm-Problemen reagieren.

Um den Zusammenhang von Stress und Magen-Darm-Problemen noch genauer zu untersuchen, wurde diese Gruppe von Hunden detaillierter analysiert. Von den 26 Hunden, die häufiger mit Magen-Darm-Problemen zu tun haben, weisen 18 Hunde (69,2 %) einen höheren Stresspunktewert auf als der Durchschnitt. Mehr als zwei Drittel dieser Hunde sind also einer überdurchschnittlich starken Stressbelastung ausgesetzt. Daher wurde für diese 18 Hunde untersucht, inwieweit die bisher durch die Auswertung ermittelten Stress auslösenden Faktoren zutreffen. In der folgenden Tabelle (siehe Seite 76) ist für jeden Hund aufgelistet, ob er weniger als 17 Stunden Ruhezeit hat, länger als fünf Stunden pro Tag alleine ist, drei Stunden oder mehr spazieren geht oder sich häufig bedroht fühlt.

Zunächst fällt auf, dass für jeden dieser Hunde zumindest einer dieser Stress auslösenden Faktoren zutrifft. Im Einzelnen schlafen oder ruhen 77,8 % der Hunde weniger als 17 Stunden, 38,9 % müssen mehr als fünf Stunden pro Tag allein bleiben und 61,1 % gehen drei Stunden oder länger am Tag spazieren. Für zehn Hunde dieser Gruppe (55,6 %) wurde von den Besitzern angegeben, sie fühlten sich häufiger oder oft bedroht. All diese Daten zeigen deutlich: Bei einem Hund, der immer wieder unter Magen-Darm-Problemen zu leiden hat, muss an Stress als Ursache gedacht werden, insbesondere wenn beim Tierarztbesuch keine organischen Ursachen gefunden werden können. Es empfiehlt sich dann, die Lebensbedingungen dieses Hundes genau zu untersuchen und auf mögliche Stressauslöser zu achten.

Nr.	Weniger als 17 Stunden Schlaf	Mehr als 5 Stunden pro Tag allein	3 oder mehr Stunden Spaziergang	Hund fühlt sich häufiger oder oft bedroht
1	nein	nein	JA	nein
2	JA	nein	JA	JA
3	nein	JA	nein	nein
4	JA	JA	JA	nein
5	JA	nein	nein	JA
6	JA	JA	JA	nein
7	JA	JA	JA	JA
8	JA	nein	nein	nein
9	JA	nein	JA	nein
10	JA	nein	JA	JA
11	nein	nein	JA	nein
12	JA	nein	nein	nein
13	JA	nein	nein	JA
14	nein	JA	nein	JA
15	JA	nein	nein	JA
16	JA	nein	JA	JA
17	JA	JA	JA	JA
18	JA	JA	JA	JA
	77,8 %	38,9 %	61,1 %	55,6 %

STATISTIK DER EINZELNEN STRESS-SYMPTOME

Der letzte Teil der Umfrage beinhaltet eine Liste mit 15 möglichen Stress-Symptomen. Die Teilnehmer wurden gebeten, bei jedem möglichen Symptom anzukreuzen, wie oft sie dieses Verhalten bei ihrem Hund beobachtet haben.

Die nächste Tabelle zeigt, für wie viele Hunde die Antworten „häufig" oder „oft" angekreuzt wurden:

Stress-Symptom:	Anzahl	in Prozent
Ruhelosigkeit	31	13,8 %
Hyperaktivität	35	15,6 %
sehr häufiges Zeigen von Beschwichtigungssignalen	87	38,8 %
aggressives oder ängstliches Verhalten	49	21,9 %
Verhaltensstereotypien	17	7,6 %
Übersprungshandlungen	36	16,1 %
Konzentrationsschwäche	42	18,8 %
Hund wirkt abwesend	24	10,7 %
muskuläre Probleme	12	5,4 %
Hecheln	25	11,1 %
zu wenig Körpergewicht	13	5,8 %
übertriebene Körperpflege	17	7,6 %
Hund zerstört Dinge	11	4,9 %
häufiges Bellen oder Winseln	64	28,6 %
sehr häufiges Urinieren	35	15,6 %

Abschließende Bemerkungen

Sicher wäre es wichtig und interessant, die Ergebnisse dieser Umfrage mit einer größeren Anzahl von Mitwirkenden zu überprüfen und auch noch weiterführende Fragen zu stellen. Denn bestimmt ist bei 224 Teilnehmern nicht gewährleistet, dass alle Aspekte des Themas ausreichend untersucht werden konnten. So nahmen zum Beispiel nur vier Halter von Hunden teil, die zu den nordischen Rassen zählen. Diese vier Fragebögen zeigten zwar in der Auswertung in Vielem Übereinstimmung, bei einer so geringen Anzahl lassen sich aber keine allgemeingültigen Aussagen über die nordischen Rassen treffen.

Trotzdem fanden wir die Ergebnisse aufschlussreich. Einige hatten wir erwartet, wie zum Beispiel den ungemein wichtigen Einfluss der Schlaf- und Ruhephasen und der Möglichkeit zum Freilauf und zum Sozialkontakt auf die seelische und körperliche Ausgeglichenheit des Hundes. Auch der direkte Zusammenhang zwischen Stress und verschiedenen Erkrankungen war uns bereits bekannt.

Anderes hat uns überrascht. Zum Beispiel, dass so viele der Befragten angaben, ihr Hund sei gesund. Wir vermuten, dass diese Aussage durch das subjektive Empfinden der Hundebesitzer geschönt ist. Das heißt, dass einige von ihnen die Erkrankungen ihrer Tiere offensichtlich nicht mehr als solche wahrnehmen, da sie sich an die Symptome, die durch die Krankheit hervorgerufen werden, bereits gewöhnt haben. Mancher Hundehalter empfindet es schon als „normal", dass sein Hund häufig Durchfall hat – trotzdem bleibt dies natürlich ein krankhafter Befund.

Auch überraschte es uns, dass offensichtlich viele Hunde problemlos bis zu fünf Stunden allein bleiben. Schließlich sind die Trennungsangst des Hundes und die damit in Zusammenhang stehende Zerstörung der Einrichtung oder das stundenlange Bellen Hauptgründe dafür, dass Hunde wieder abgegeben werden.

Auf den Folgeseiten finden Sie den für diese Umfrage benutzten Fragebogen. Er wurde von Martina Scholz im Rahmen einer Fortbildungsveranstaltung erstellt, verschickt und ausgewertet. Ein besonderer Dank gilt denen, die sich die Mühe machten, den Bogen vollständig auszufüllen und zur Auswertung zurückzuschicken.

FRAGEBOGEN ZUR UMFRAGE

**1.   Fragen zum Hund, dem Tagesablauf
      und zu den Haltungsbedingungen:**

1.1.   Hund
Rasse:
Rüde oder Hündin:

Ist der Hund kastriert?
☐ ja   ☐ nein

Wie alt ist der Hund?
Mit welchem Alter haben Sie den Hund übernommen?

1.2.   Wie läuft ein durchschnittlicher Tag ab?
Wo hält sich der Hund tagsüber hauptsächlich auf?
☐ im Garten   ☐ im Haus
☐ im Zwinger

Wo schläft der Hund nachts?
☐ im Zwinger   ☐ im Gang
☐ im Wohnzimmer   ☐ im Schlaf- oder Kinderzimmer

Wie viele Stunden schläft oder döst der Hund insgesamt
(Tag und Nacht)?

Wie viele Stunden ist der Hund normalerweise allein?

Wie viele Stunden ist der Hund maximal allein?

Folgt Ihr Hund Ihnen gerne auf Schritt und Tritt?
☐ ja   ☐ nein

Oder döst er auch tagsüber gerne
auf seinem Lieblingsplatz?

☐ ja ☐ nein

Wie lange gehen Sie täglich mit dem Hund spazieren?

☐ bis zu einer Stunde ☐ bis zu zwei Stunden
☐ bis zu drei Stunden ☐ mehr als drei Stunden

Wie oft gehen Sie am Tag spazieren?

☐ einmal ☐ zwei- bis dreimal
☐ mehr als dreimal

Der Hund läuft dabei

☐ überwiegend an der Leine ☐ überwiegend frei

Der Hund hat dabei

☐ häufig Kontakt zu anderen Hunden
☐ selten Kontakt zu anderen Hunden

Kommt es vor, dass Ihr Hund sich bedroht fühlt?
Zeigt er Angst oder reagiert er aggressiv?

☐ nie ☐ selten
☐ häufiger ☐ oft

1.3. Aktivitäten mit dem Hund
Spielen Sie regelmäßig mit dem Hund?
☐ ja ☐ nein

Spielen häufig Kinder (bis 12 Jahre) mit dem Hund?
☐ ja ☐ nein

Betreiben Sie eine Hundesportart?
☐ ja ☐ nein

Wenn ja, welche?

Wie viele Stunden am Tag ist Ihr Hund aktiv?

1.4. Gesundheit des Hundes
Wie häufig ist Ihr Hund krank?
☐ nie ☐ selten
☐ häufiger ☐ oft

Leidet der Hund an Allergien?
☐ ja ☐ nein

Leidet der Hund an Hautkrankheiten?
☐ ja ☐ nein

Hat der Hund häufig Durchfall oder erbricht er oft?
☐ ja ☐ nein

2. **Haben Sie folgende Verhaltensweisen schon mal bei Ihrem Hund beobachtet?**

Rastlosigkeit, Hund kann nicht zur Ruhe kommen
☐ nie ☐ selten
☐ häufiger ☐ oft

Hund wird nie müde, will spielen bis zum „Umfallen"
☐ nie ☐ selten
☐ häufiger ☐ oft

Sehr häufiges Zeigen von Beschwichtigungssignalen (Gähnen, Blinzeln, Wegsehen usw.)
☐ nie ☐ selten
☐ häufiger ☐ oft

Unangemessen aggressives oder nervöses Verhalten
☐ nie ☐ selten
☐ häufiger ☐ oft

Verhaltensstereotypien (z.B. den eigenen Schwanz jagen bei erwachsenen Hunden)
☐ nie ☐ selten
☐ häufiger ☐ oft

Übersprungshandlungen, z.B. in die Leine beißen
☐ nie ☐ selten
☐ häufiger ☐ oft

Schlechte Konzentration
☐ nie ☐ selten
☐ häufiger ☐ oft

Hund wirkt abwesend
- ☐ nie
- ☐ häufiger
- ☐ selten
- ☐ oft

Muskelzittern, Muskelverhärtungen
- ☐ nie
- ☐ häufiger
- ☐ selten
- ☐ oft

Hecheln ohne vorherige Anstrengung oder Wärme
- ☐ nie
- ☐ häufiger
- ☐ selten
- ☐ oft

Zu wenig Körpergewicht
- ☐ ja
- ☐ nein

Übertriebene Körperpflege
- ☐ nie
- ☐ häufiger
- ☐ selten
- ☐ oft

Gegenstände zerstören
- ☐ nie
- ☐ häufiger
- ☐ selten
- ☐ oft

Bellen, Winseln usw.
- ☐ nie
- ☐ häufiger
- ☐ selten
- ☐ oft

Sehr häufiges Urinieren
- ☐ nie
- ☐ häufiger
- ☐ selten
- ☐ oft

DAS ANTI-STRESS-PROGRAMM (ASP)

Einleitend zu diesem Kapitel muss gesagt werden: Es gibt leider kein Patentrezept für gestresste Hunde! Wie schon mehrfach erwähnt, gibt es erhebliche individuelle Unterschiede, wie viel und welche Art von Stress ein Hund ertragen kann, ohne dass es zur Beeinträchtigung seiner Gesundheit oder zu Verhaltensauffälligkeiten kommt. Dies ist abhängig von seiner Sozialisierung, seinem Gesundheitszustand, seinem Alter, seinen bisherigen Erfahrungen, seinem Lebensumfeld und vielen weiteren Faktoren.

Dem Lebensumfeld kommt eine besondere Bedeutung zu, denn kein Kanide in freier Wildbahn ist so vielen Stress auslösenden Situationen ausgesetzt wie unser Haushund. Auch wenn sich im Zuge der Domestikation die Stressresistenz entscheidend verbessert hat, bleibt trotzdem die Tatsache bestehen, dass Hunde noch nie zuvor in einem Umfeld gelebt haben, in dem ihnen so viele belastende Situationen zugemutet wurden, die sich außerdem in vielen Fällen auch noch ständig wiederholen.

ES GIBT LEIDER KEIN PATENTREZEPT FÜR GESTRESSTE HUNDE!

Oftmals ist es hierbei schwierig zu entscheiden, welcher der genannten Faktoren denn nun der ist, der den Hund am stärksten belastet. Denn meistens ist es ein Paket von Einzelfaktoren, das das sprichwörtliche Fass zum Überlaufen bringt. So ist es also wichtig, nicht nur einzelne Geschehnisse zu untersuchen, sondern auch das gesamte Lebensumfeld, den Tagesablauf, die grundsätzliche Beziehung zum Halter oder zu anderen im Haushalt lebenden Personen oder Tieren usw. zu erfassen, um sich ein Gesamtbild zu machen. Hierfür benutzen wir den folgenden Fragebogen:

FRAGEBOGEN

Ihre persönlichen Daten, die wir nicht weitergeben an Dritte:

Name:

Adresse:

Tel./ Handy:

Email:

Fragen zu Ihrem Hund:

Name: Geschlecht:

Rasse: Alter:

kastriert: ☐ ja   ☐ nein

Falls Ihr Hund kastriert ist, beantworten Sie bitte folgende Fragen:

Wann wurde Ihr Hund kastriert?

Wie alt war Ihr Hund zu diesem Zeitpunkt?

Weshalb wurde Ihr Hund kastriert?

Bei weiblichen Tieren: Hatte Ihre Hündin schon einmal Junge?

Falls ja, bitte angeben wie oft, in welchem Alter, wie viele Welpen pro Wurf?

Falls Ihre Hündin nicht kastriert ist, wann war sie zuletzt läufig?

_____

Fragen zum Gesundheitszustand Ihres Hundes:

Ist Ihr Hund geimpft?   ☐ ja   ☐ nein
_____
(Datum und Art der Impfung)

Ist Ihr Hund entwurmt?   ☐ ja, am   ☐ nein

Leidet Ihr Hund an einer chronischen Erkrankung? ☐ ja   ☐ nein

Falls ja, an welcher?
_____

Bekommt er regelmäßig Medikamente?   ☐ ja   ☐ nein

Falls ja, welche?
_____
(Bitte Dosierung mit angeben)

Seit wann bekommt er diese Medikamente?
_____

Wie verhält sich Ihr Hund beim Tierarzt?
_____

_____

_____

_____

_____

Allgemeine Fragen zu Ihrem Hund:

Woher haben Sie Ihren Hund?

Seit wann lebt er bei Ihnen?

Wie alt war er, als er zu Ihnen kam?

Hatte er schon Vorbesitzer? ☐ ja,_____ Vorbesitzer ☐ nein

Was wissen Sie über die Vorgeschichte Ihres Hundes?

Wie viele Personen leben in Ihrem Haushalt?

Erwachsene, Kinder im Alter von

Leben in Ihrem Haushalt noch andere Hunde? ☐ ja ☐ nein

Falls ja, wie viele?
(Alter, Rasse, Geschlecht)

Leben in Ihrem Haushalt noch andere Tiere? ☐ ja ☐ nein

Falls ja, welche und wie viele?

Ist dies Ihr erster Hund?   ☐ ja   ☐ nein

Wie sind Sie auf diese Rasse gekommen?
_____

_____

_____

Warum haben Sie sich für dieses Geschlecht entschieden?
_____

_____

_____

Was waren die Gründe dafür, einen Hund anzuschaffen?
_____

_____

_____

_____

Waren alle Familienmitglieder mit der Anschaffung des Hundes einverstanden?
_____

_____

Wo ist Ihr Hund, wenn Sie ohne ihn verreisen?
_____

_____

Wie leben Sie?
_____

_____

(Stadt/ Dorf/ Whg./ Haus/ Garten)

Fragen zur Ausbildung Ihres Hundes:

Waren Sie schon einmal in einer Hundeschule? ☐ ja ☐ nein

Falls ja, welche Kommandos hat er dort erlernt?

_____

_____

_____

_____

Ist Ihr Hund gern dort hingegangen? ☐ ja ☐ nein

Sind Sie dort gern hingegangen? ☐ ja ☐ nein

Wie oft gingen Sie zum Training?

_____

_____

Bitte kreuzen Sie an, wenn Sie eine der folgenden Trainingsarten bereits mit Ihrem Hund absolviert haben:

☐ Obedience
☐ Training zum Begleithund
☐ Schutzdienst
☐ Degility
☐ Unterordnung
☐ Training am Pferd
☐ Clicker Training
☐ Training mit Halti
☐ Verunsicherung auf Distanz
☐ andere

☐ Dog-Dancing
☐ Training auf Ausdauer
☐ Agility
☐ Tellington-Touch/ Bodenarbeit
☐ Ausbildung zum Wachhund
☐ Rettungshundeausbildung
☐ Training mit Wurfkette/ Disc-Scheiben
☐ Longiertraining
☐ Training mit Reizstromgeräten

Fragen zum Alltag Ihres Hundes:

Wo hält Ihr Hund sich hauptsächlich auf?

_____

Wo befinden sich seine Liegeplätze/ wo schläft er?

_____

Wer geht mit dem Hund spazieren?

_____

Wie lange und wie oft?
☐ an der Leine   ☐ im Freilauf
☐ sowohl als auch, je nach Situation

Zieht Ihr Hund an der Leine?   ☐ ja   ☐ nein

Spielen Sie mit Ihrem Hund? Wie lange, wie oft und was?

_____

_____

Bleibt Ihr Hund problemlos allein zu Hause?   ☐ ja   ☐ nein

Falls nein, was tut er dann?

_____

_____

Wie oft und wie lange muss Ihr Hund allein zu Hause bleiben?

_____

_____

Gibt es Situationen, in denen Ihr Hund gestresst erscheint?

_____

_____

_____

Fragen zur Fütterung Ihres Hundes:

Wie oft täglich füttern Sie Ihren Hund?

_____

Was füttern Sie Ihrem Hund als Hauptmahlzeit?

_____

Wo füttern Sie Ihren Hund?

_____

(Küche, Garten, Flur etc.)

Wie verhält sich Ihr Hund beim Fressen?

_____

_____

_____

Bekommt Ihr Hund auch Knabberartikel oder Leckerchen?

☐ ja,   ☐ nein

(Trockenkauartikel, Milchdrops, Frolic, Wurst, Käse etc.)

Hat Ihr Hund irgendwelche Futterunverträglichkeiten?

_____

_____

_____

Wie lange ruht Ihr Hund nach dem Fressen?

_____

_____

Fragen zu den Schlafgewohnheiten/ Ruhezeiten Ihres Hundes:

Wie viele Stunden täglich schläft oder döst Ihr Hund normalerweise?

_____

_____

Träumt er dabei sehr lebhaft?

_____

_____

Hat Ihr Hund einen leichten oder tiefen Schlaf?

_____

_____

Schläft Ihr Hund auf seinen Liegeplätzen oder an einem anderen Ort?

_____

_____

Gibt es Probleme im Zusammenleben mit Ihrem Hund?

_____

_____

Was genau tut er dann?

_____

_____

_____

Gab es ein „Schlüsselerlebnis" oder einen bestimmten Auslösefaktor, der dieses Verhalten verursacht hat?

_____

_____

Wann ist Ihnen dieses Verhalten zuerst aufgefallen?

_____

Was haben Sie bisher dagegen getan?

_____

_____

Was soll der Hund an Stelle des Problemverhaltens tun?

_____

_____

Welches Trainingsziel möchten Sie bei uns erreichen? Gibt es etwas, das Ihnen besonders am Herzen liegt? Oder etwas, woran Sie und Ihr Hund besonderen Spaß hätten?

_____

_____

_____

_____

_____

Was mögen Sie besonders an Ihrem Hund?

_____

_____

_____

_____

_____

Vielen Dank für Ihre Mitarbeit!

Aus den Antworten dieses Fragebogens und aus den Informationen, die wir aus dem Beobachten des Hundes und der mit ihm lebenden Personen ziehen, können wir uns ein relativ vollständiges Bild über seine Lebensumstände machen und darüber, ob, und falls ja, in welchem Maße und wodurch er gestresst ist. Hierfür ist es wichtig, den Hund auch zu beobachten, wenn er in einem vertrauten bzw. in einem fremden Gelände spazieren geht, wie er sich zu Hause und im Auto verhält usw. Wir versuchen also herauszubekommen, welche Faktoren zu welchen Symptomen führen.

Der nächste Schritt besteht nun darin, möglichst viele der Stress auslösenden Faktoren zu reduzieren. Hierbei muss aber unbedingt beachtet werden, dass man nicht zu viele Dinge im sozialen Umfeld des Hundes auf einmal verändert, weil dies wiederum Stress auslösen könnte. Vieles muss Schritt für Schritt verändert werden und Hunde, die durch körperliche Anstrengung hochgepowert wurden, müssen – ähnlich wie Spitzensportler – in ihren Aktivitäten langsam wieder auf das normale Maß gebracht werden. Deshalb läuft ein Anti-Stress-Programm auch nicht nur über Tage, sondern oftmals über Wochen oder Monate, ehe sich spürbare Verbesserungen einstellen. Denn trotz der veränderten Lebensumstände braucht der Körper eine gewisse Zeit, um zu reagieren und das Stresshormonniveau wieder zu normalisieren. Unsere Erfahrung ist, dass Tiere, bei denen Stress über einen längeren oder auch sehr langen Zeitraum aufgebaut wurde, in der Regel auch eine Weile brauchen, um diesen wieder abzubauen. Es ist wichtig, dies mit dem Hundehalter vorher zu besprechen, damit er nicht frustriert wird, wenn sich nicht gleich in den ersten Tagen gravierende Veränderungen zeigen.

Die folgenden Fallbeispiele sollen zeigen, wie ein Anti-Stress-Programm aussehen kann. Die hier beschriebenen Hunde und Menschen gibt es tatsächlich – die Halter von Diego, Merlin, Wolfgang und Bernd kamen als Kunden in die Hundeschule von Clarissa v. Reinhardt. Lucia kam als Pflegehund zu ihr. Bei einigen haben wir jedoch die Namen auf Wunsch der betroffenen Personen geändert.

DIEGO

Diego ist ein großer, schlanker Schäferhundmischling. Zum ersten Mal kam er im Februar 2002 in meine Hundeschule. Seine Halterin berichtete mir von seiner Vorgeschichte. Sie sah Diego im Januar 1998 in einem Tierheim. Damals soll er nach Angaben der Tierheimmitarbeiter etwa ein Jahr alt gewesen sein. Die einzige Auskunft über sein bisheriges Leben war, dass er vom Vorbesitzer ständig mit einer kurzen Kette an der Heizung in der Wohnung angekettet worden war. Der Mann habe sich nur mangelhaft um seinen großen, lebhaften Hund gekümmert. Diego war abgemagert und nervös, sehr ängstlich und unsicher gegenüber anderen Hunden, zu Menschen aber freundlich.

Frau Trobisch entschied sich für den Hund und holte ihn aus dem Tierheim. Diego litt unter starker Trennungsangst, anfangs konnte seine Besitzerin nicht einmal allein auf die Toilette gehen. Wurde er allein gelassen, zerstörte er die Wohnung. Die Türen wurden zerkratzt, Möbel zerbissen, Jalousien heruntergerissen. Musste er im Auto allein bleiben, zerstörte er auch dessen Inneneinrichtung. Trotz seines großen Bedürfnisses nach Nähe war Diego aber von Anfang an sehr berührungsempfindlich und fühlte sich bei engerem Körperkontakt sichtlich unwohl. Er ließ sich kurz streicheln – aber dann sah er zu, dass er wegkam.

Ein Jahr nachdem Frau Trobisch Diego aus dem Tierheim geholt hatte, ergab es sich, dass sie von zu Hause aus arbeiten konnte. Diese Zeit nutzte sie, um intensiv mit ihm an seiner Trennungsangst zu arbeiten. Wichtig bei einem solchen Training ist, den Hund gar nicht mehr in die Verlassenheitsängste kommen zu lassen. Das heißt natürlich, ihn anfangs überhaupt nicht allein zu lassen. Dann wird der Hund beginnend mit wenigen Sekunden, später Minuten und schließlich immer länger werdenden Zeitspannen an das Alleinsein gewöhnt. Dieses Training war erfolgreich. Als Frau Trobisch ein knappes Jahr später wieder außer Haus arbeiten ging, blieb Diego problemlos allein.

Im Jahr 1999 musste Frau Trobisch aus privaten und beruflichen Gründen vier Mal umziehen – und Diego natürlich mit ihr, was eine enorme Belastung für den Hund darstellte. Frau Trobisch ging viel mit ihm spazieren und spielte hierbei auf dem Feld bis zu vier (!) Stunden täglich mit ihm Ball. Ich konnte mir das anfangs gar nicht recht vorstellen, aber tatsächlich warf sie ihm permanent den Ball, weil sie glaubte, ihm so recht viel Bewegung und Freude zu verschaffen. Ihr war auch gesagt worden, ein so lebhafter Hund müsse richtig ausgepowert werden...

Im September 2000 wurde ein zweiter Hund angeschafft. Frau Trobisch hatte sich von einer Trainerin beraten lassen, in deren Hundeschule sie damals ging. Deren Argumentation war: Ein so lebhafter Hund wie Diego braucht eine ebenso lebhafte Partnerin, damit die sich gegenseitig so richtig müde machen können. Ein ausgeglichener, ruhiger Hund könne seinem Temperament ja nicht standhalten. So entschied sich Frau Trobisch für eine Dalmatinerhündin. Anna kam im Alter von zwölf Wochen zu Frau Trobisch und ihrem Lebenspartner. Sie war eher ängstlich und zurückhaltend. Diego kümmerte sich rührend um sie, begann allerdings auch damit, andere Hunde zu attackieren, wenn diese Anna zu nahe kamen und sie sich ängstlich zeigte.

Auch das exzessive Ballspielen forderte inzwischen seinen Tribut – Diego kippte sehr schnell in die Beuteaggression. Außerdem fiel Frau Trobisch auf, dass er oftmals so aufgedreht war, dass er Hunde, die sich näherten, zunächst gar nicht bemerkte. Standen sie dann direkt vor ihm, ließ er den

Ball fallen und stürzte sich auf sie. Durch seine Größe und Stärke dauerte es in der Regel nicht lange, bis er den anderen Hund unter sich begraben hatte – er hatte bisher aber noch nie zugebissen. Trotzdem wollte Frau Trobisch dieses Verhalten nicht tolerieren und wandte sich nochmals an ihre Hundeschule. Dort wurde ihr vorgeschlagen, die kleine Anna in eine so genannte Junghundegruppe zu tun, weil sie zu unsicher sei und lernen müsse, alleine klarzukommen. In dieser Gruppe bekamen die Hunde Gelegenheit, miteinander zu spielen, und es wurden Kommandos eingeübt. Für Diego wurde Einzeltraining mit dem Ziel vorgeschlagen, den Hund so stark auf seinen heiß geliebten Ball zu fixieren, dass er sich nur noch für den Ball und für nichts anderes mehr interessieren sollte. Die Begründung war, er sei somit leichter zu kontrollieren. Frau Trobisch verließ sich auf den Expertenrat und tat wie geheißen. Diego absolvierte zehn Stunden Einzeltraining, in denen er Grundgehorsamsübungen wie „sitz", „mach Platz", „bleib", „bei Fuß" und „hier" lernte und bei korrekter Ausführung als Belohnung seinen Ball geworfen bekam. Das Kommando „bleib" machte am Anfang große Probleme, denn wenn der Ball geworfen wurde und Diego sitzen bleiben sollte, flippte er total aus. Er bellte, versuchte sich loszureißen, sprang hoch und gebärdete sich wie ein Irrer. Ohne ihn anzubinden ging gar nichts. Umso mehr waren Trainerin und Besitzerin mit Stolz erfüllt, als es nach unzähligen Übungen endlich klappte. Bekam Diego das Kommando „bleib", blieb er sitzen. Bekam er dann das Kommando zum Apportieren, raste er wie ein Torpedo los, um den Ball zu holen. Gegenüber anderen Hunden wurde er allerdings noch nervöser und angriffsbereiter.

So allmählich wurde Frau Trobisch klar, dass sie und ihre Trainerin offensichtlich unterschiedliche Zielsetzungen für Diego hatten. Frau Trobisch war gekommen, weil ihr Hund ruhiger und sozialverträglicher werden sollte. Das Ziel der

Trainerin war die Kontrolle des Hundes. Nach einer Besprechung wurde entschieden, Diego jetzt zur Verbesserung des Sozialverhaltens an einem Erziehungskurs mit sechs bis sieben weiteren Hunden teilnehmen zu lassen. Das hierfür vorgesehene Gelände war etwa 250 m² groß. Diego führte sich beim Anblick der anderen, ebenfalls an der Leine geführten Hunde auf wie ein Verrückter. Frau Trobisch hatte große Mühe ihn zu halten, denn er sprang an ihr hoch, bellte ununterbrochen und war praktisch nicht ansprechbar. Da der Platz sehr klein war und auf ihm auch noch ein kompletter Agilityparcours aufgebaut war, gab es keine Ausweichmöglichkeit, um den Hund erst einmal zu beruhigen. Stattdessen wurde er möglichst kurz an der Leine gehalten, worauf er noch wilder wurde. Frau Trobisch hatte das Gefühl, dass sowohl sie als auch ihr Hund mit der Situation total überfordert waren. Auf Anraten der Trainerin nahmen beide Beruhigungstropfen vor jedem Besuch des Hundeplatzes!

Das Drama begann allerdings schon, wenn sie sich auf den Weg machten. Diego wusste genau, an welchen Tagen und zu welchen Uhrzeiten sich Frauchen mit ihm aufmachte, um ins Training zu fahren. Die ganze Fahrt über bellte er und kratzte an den Scheiben und den Sitzpolstern. Endlich am Gelände angekommen, wollte er nicht aussteigen, sondern versuchte regelrecht zu fliehen. Am Ende des Trainings hingegen zog er wie gejagt zurück zum Auto. Der Hund war kaum noch zu halten, und so fing Frau Trobisch an, an anderen Orten zu parken, damit ihr Hund nicht gleich bemerken sollte, wohin es ging. Sie lief erst einmal ein Stück mit ihm, bevor sie den Trainingsplatz betrat, und achtete darauf, dass sie und Diego als Erste eintrafen. Frau Trobisch hatte das Gefühl, so sei die Situation für ihn leichter zu ertragen.

Da sie aber weiterhin große Schwierigkeiten hatte, den Hund zu halten, wurde ihr nun von der Trainerin empfohlen, Diego

zur besseren Kontrolle am Kopfhalfter „Halti" zu führen. Mehrfach war es zu überschießenden Reaktionen von Diego gekommen. Er stürzte blitzartig nach vorn und schnappte nach jedem anderen Hund, der ihm in der Enge dieses extrem kleinen Hundeplatzes zu nahe gekommen war. Seine Halterin beschrieb seinen Augenausdruck in solchen Situationen als flackernd und hektisch und sie hatte das Gefühl, für die Sicherheit der anderen Hunde nicht garantieren zu können. Doch das Tragen des Kopfhalfters verschlimmerte die Situation, denn sobald es Diego angelegt wurde, stand er mit geduckter Körperhaltung da, klemmte die Rute ein und zeigte Beschwichtigungssignale – ein Bild des Jammers. Mehrfach versuchte er, das Halti mit den Vorderpfoten abzustreifen, wofür er getadelt wurde.

Wochen und Monate vergingen und Diego hatte drei Erziehungskurse mit Erfolg bestanden. Wobei die Definition des Wortes Erfolg hier interessant ist. Er hatte alle Prüfungen bestanden, hatte sogar einen Pokal gewonnen. Er beherrschte alle einstudierten Kommandos bis zur Perfektion – und war nervöser und aggressiver denn je zuvor. Frau Trobisch erzählte, dass sie aus ihrer Überforderung auch oft ungerecht zu dem Hund war. War sie mit ihrer Geduld und auch ihren körperlichen Kräften am Ende, schrie sie Diego an, ruckte heftig in die Leine, drückte ihn runter oder packte ihn hart mit dem Schnauzengriff. Sie fühlte sich sehr unwohl dabei, hatte hinterher immer ein schlechtes Gewissen und das Gefühl, dem Hund Unrecht zu tun.

Schließlich wurde ihr vorgeschlagen, mit Diego an neuen Kursen teilzunehmen: Obedience und Agility seien genau das Richtige für ihn. Da er so lebhaft sei, müsse er beschäftigt werden und genug Bewegung haben. Es sei nochmals erwähnt, dass der gesamte Agilityparcours auf 250 m² Fläche aufgebaut war. Das Training fand entweder mit Diego an der

Leine statt oder alle anderen Hunde warteten angeleint am Rand, während Diego den Parcours ohne Leine ablief bzw. abraste. Da er viel zu aufgeregt war, um die ihm angebotenen Belohnungshappen zu essen, wurde er weiterhin mit dem Werfen und Tragen des Balles belohnt.

Anna war inzwischen anderthalb Jahre alt. Auch sie hatte nicht nur alle Erziehungskurse im Gruppentraining, sondern auch drei Agilitykurse und einen Kurs Dog-Dancing absolviert. Da der Halterin auffiel, dass beide Hunde immer aufgedrehter und nervöser wurden und Diego keinerlei Fortschritte in Bezug auf innerartliches Sozialverhalten machte, verließ sie die Hundeschule.

Rückblickend glaubt sie, dass die Trainerin ihren zahlreichen Bitten um weitere Einzeltrainings für Diego mit gezielten Hundebegegnungen deshalb nicht nachgekommen war, weil auch sie letztendlich überfordert war und nicht wusste, wie sie Diegos Probleme hätte lösen können. Ihr war offensichtlich noch nicht einmal bewusst, dass sich sein Verhalten gravierend verschlimmert hatte. Ihrer Meinung nach hatte eigentlich nicht Diego, sondern Frau Trobisch selbst das größte Problem, da sie viel zu ängstlich sei und den Hund dadurch nicht sicher genug führe.

Im Februar 2002 kamen Frau Trobisch, Diego und Anna zum ersten Mal in meine Hundeschule. Diese erste Begegnung werde ich nie vergessen. Zu meinem Hundeplatz führt ein langer Weg an einem Bach entlang, und schon von weitem sah ich eine große, schlanke Frau, die beinahe ohne Bodenhaftung hinter zwei Hunden herzufliegen schien. Ich war erstaunt, wie sie es schaffte, die beiden überhaupt zu halten. Nachdem sich Frau Trobisch mit ihren Hunden im Gelände befand, bat ich sie, diese abzuleinen. Ich wollte mir ein Bild von den beiden im Freilauf machen. Was dann kam, hat-

te ich noch nie gesehen. Kaum abgeleint, rasten beide los wie abgeschossene Kanonenkugeln. Ganze 18 (!) Minuten rannten beide in voller Geschwindigkeit über das 10.000 m^2 große eingezäunte Gelände, ohne nennenswerte Pausen zu machen! Das bedeutet: Keiner der Hunde stand während dieser 18 Minuten länger als 20 Sekunden auf einem Fleck. Aber selbst dann standen sie nicht still, sondern hibbelten von einem Bein auf das andere und hatten einen echt wilden Gesichtsausdruck. Überhaupt blieben sie nur stehen, wenn sie sich kurz orientierten. Entdeckten sie irgendwo hinter dem Zaun einen anderen Hund, bretterten sie mit voller Geschwindigkeit auf ihn zu, knallten in den Maschendraht, bellten, fletschten, geiferten und gebärdeten sich wie von Sinnen. Noch nie hatte ich so hektische Hunde gesehen, schon gar nicht im Doppelpack!

Nachdem mir Frau Trobisch die Geschichte der Hunde erzählt hatte, trafen wir uns im Besprechungsraum, um erst einmal Grundsätzliches zu den Haltungsbedingungen, zum Thema Stress, zur Fütterung usw. zu besprechen. Es stellte sich heraus, dass die Hunde zusätzlich zu den Stress verursachenden Trainings auch noch täglich eine Stunde lang im Garten den Ball geworfen bekamen, um sie müde zu machen. Wurde in der kalten Jahreszeit mit Schneebällen geworfen, regte sich Diego derartig auf, dass er in die Hände schnappte.

Folgendes Anti-Stress-Programm haben wir ausgearbeitet:

- Zunächst wurde der Grundgehorsam neu aufgebaut. Wichtigstes Element war, den Ball als Belohnung wegzulassen und Diego so weit zu beruhigen, dass er Leckerchen annehmen konnte. Dies gelang relativ schnell. Wichtig war auch, Diego in aller Ruhe und vor allem in

Abwesenheit anderer Hunde arbeiten zu lassen. Er war inzwischen nämlich derartig gestresst, dass er schon beim Anblick eines anderen Hundes ausrastete, selbst wenn sich dieser noch in großer Entfernung befand. Zusätzlich konnte er so eine vertrauensvolle Beziehung zu mir als Trainerin aufbauen.

- Das Ballspielen wurde stark reduziert. Es war nicht möglich, das Ballspielen sofort gänzlich einzustellen. Diego befand sich zu diesem Zeitpunkt sowohl mental als auch körperlich auf dem Niveau eines Spitzensportlers. Er musste behutsam wieder „runtergefahren" werden. Man kann es sich in etwa vorstellen wie bei einem Marathonläufer, dessen Körper und Psyche darauf eingestellt sind, täglich 20 Kilometer zu laufen. Würde dieser Mensch das Laufen von einem Tag auf den anderen einstellen, wären körperliche wie psychische Probleme die Folge! Deshalb musste Diegos tägliche Dosis langsam reduziert werden.

- Kommunikatives Spazierengehen. Hierbei geht es darum, dass Mensch und Hund wirklich wieder gemeinsam spazieren gehen. Bei Frau Trobisch und ihren Hunden war dies nicht mehr so. Frau Trobisch war im Grunde zum Chauffeur und zur Ballwurfmaschine mutiert. Sie musste daran arbeiten, die Hunde wieder auf sich als Person zu beziehen. Hierzu achtete sie zum Beispiel vermehrt auf Blickkontakte ihrer Hunde, die sie erwiderte. Sie beschäftigte die beiden mit einfachen kleinen Aktivitäten, die gemeinsam mit ihr ausgeführt werden konnten, wie zum Beispiel dem Balancieren auf einem Baumstamm usw.

- Außerdem musste sie lernen, ruhiger und langsamer spazieren zu gehen. Frau Trobisch lief viel zu schnell,

was sich durch die Stimmungsübertragung im Verhalten der Hunde bemerkbar machte. Kaum hatte sie ihr eigenes Tempo gedrosselt, bemerkte sie, wie auch die Hunde etwas ruhiger wurden.

- Weiterhin wurde sie gebeten, in möglichst reizarmer Umgebung zu laufen, um so einen weiteren Stress auslösenden Faktor zu reduzieren. Lange Wanderungen oder größere Bergtouren sollte sie in den nächsten Wochen vermeiden.

- Wir trainierten, die Stimme ganz bewusst dämpfend einzusetzen, um so viel Ruhe wie möglich auszustrahlen. Gleiches galt für die Körpersprache. Auch hier ist es immer wieder beeindruckend zu erleben, wie positiv sich eine beruhigende, sanfte, aber dennoch souveräne Stimme und eine reduzierte Körpersprache auf den Hund auswirken. Wirklich jeder Hund wird augenblicklich ruhiger.

- Beide Hunde erreichen beim Spielen und Toben sehr schnell ein hohes Tempo. Nun ist es natürlich wichtig, ihnen die Gelegenheit zu geben, sich mal richtig auszutoben. Andererseits muss verhindert werden, dass sie sich dauernd gegenseitig hochschaukeln. So haben wir folgendes Konzept entwickelt, das sich gut bewährt hat: Morgens gehen beide angeleint 15 bis 30 Minuten spazieren. Nachmittags oder abends etwa eine Stunde, wobei sie aber nur zweimal 5 bis 10 Minuten gleichzeitig frei laufen, um richtig toben zu können. In der restlichen Zeit dieses Spaziergangs ist immer ein Hund im Freilauf, während der andere an der Leine geht. Um diese Zeiten gerecht zu verteilen, wird alle fünf Minuten gewechselt. Ab und zu werden die Hunde auch getrennt spazieren geführt.

- Das Kopfhalfter „Halti" wurde ganz weggelassen und beide Hunde auf Brustgeschirre und drei Meter lange Leinen umgestellt. Das Geschirr verlagert den Druckpunkt auf den Brustkorb, weg von der empfindlichen Halswirbelsäule und vom Kehlkopf. An dem auf dem Rücken befindlichen Steg kann auch ein großer, kräftiger Hund besser und sicherer gehalten werden als am Halsband. Eine drei Meter lange Leine gibt dem Hund ausreichend Gelegenheit, auch mal links und rechts am Wegesrand zu schnüffeln, ohne gleich mit der Leine auf Zug zu kommen. Oftmals kann man beobachten, dass im Grunde eine zu kurze Leine schuld daran ist, wenn ein Hund zieht. Ist die Leine nämlich so kurz gewählt, dass sie schon nach ein bis zwei Schritten, die sich der Hund vorwärts bewegt, zu Ende ist, kann er gar nicht anders als zu ziehen. Sehr viele Menschen, die von ihren stark an der Leine ziehenden Hunden schier in die Verzweiflung getrieben worden waren, waren begeistert, wie mühelos sich derselbe Hund führen ließ, wenn ihm die Leine etwas mehr Bewegungsfreiheit gab.

- Ein weiterer Punkt des Trainings bestand darin, dass Frau Trobisch lernte, die Beschwichtigungssignale ihrer Hunde zu erkennen und situationsbezogen zu deuten. Ebenso lernte sie, diese auch selbst auszusenden, wenn ihre Hunde unruhig oder ängstlich wurden.

- Der Garten wurde etwas umgestaltet. Bisher hatten Diego und Anna die Gelegenheit, am vorderen Teil des Gartenzauns auf und ab zu rennen und jeden auf dem Bürgersteig Vorbeikommenden wissen zu lassen, was sie von seinem Erscheinen hielten. Von dieser Möglichkeit machten auch beide ausgiebig und lautstark Gebrauch, was weder ihrer Gemütsruhe zuträglich war noch der von Frau Trobisch oder der der Nachbarn. Frau

119

Trobisch sorgte nun also dafür, dass sich die Hunde ausschließlich im hinteren Teil des Gartens aufhielten, so dass das Spektakel am Zaun ein Ende hatte.

- Schließlich wurde das Futter umgestellt. Beide Hunde bekamen vorher Trockenfutter mit einem hohen Anteil an Protein (Eiweiß) und Rohfett. Jetzt wurden sie auf Nassfutter umgestellt, dessen Anteil an Protein und Rohfett deutlich reduziert ist.

Nach ca. vier Wochen, bei zwei Treffen wöchentlich, hatten wir beide Hunde so weit, dass wir mit ihnen an den Geräten arbeiten konnten. Auf gar keinen Fall geht es hierbei darum, die Hunde möglichst schnell durch den Parcours zu jagen, und es ist auch vollkommen egal, in welcher Reihenfolge sie ihn ablaufen.

Konzentrierte Langsamkeit ist das Motto. Der Hund soll die Hindernisse mit ihren verschiedenen Schwierigkeitsgraden in aller Ruhe kennen lernen und bewältigen. Dies verlangt Geduld, Konzentration und Souveränität vom Menschen, der den Hund in diesem Training anleitet.

Denken Sie immer daran: Wenn Sie wollen, dass Ihr Hund ruhig und ausgeglichen ist, müssen Sie selbst ruhig und ausgeglichen sein. Solange Sie ungeduldig, hektisch, laut und nervös sind, können Sie Ihrem Hund kein Vorbild für angemessen souveränes Handeln sein!

Außerdem ist es beim Arbeiten an den Geräten für Hund und Mensch wichtig, die Aufgaben wirklich gemeinsam zu erarbeiten. Nur so kann Vertrauen aufgebaut und die Bindung gestärkt werden.

Im Verlauf des Trainings zum Grundgehorsam und zum Arbeiten an den Geräten setzten wir dann ein weiteres Arbeitsmittel ein, das „Regulativ im Warten". Dies bedeutet, dass der Hund über Kommandos wie zum Beispiel „sitz" oder „bleib" veranlasst wird, kurz zur Ruhe zu kommen. Mehrere Dinge sind hierbei besonders zu beachten:

- Das dem Hund gegebene Kommando muss ihm bekannt sein, es muss ihm also klar sein, welche Handlung von ihm erwartet wird.

- Anfangs wird das „Regulativ im Warten" nur in reizarmer Umgebung eingesetzt. Gerade für Diego war es zu Beginn des Trainings eine enorme Leistung, überhaupt einen Augenblick stillzusitzen. Mit Ablenkung, und sei sie auch noch so klein, wäre diese Übung (noch) nicht gelungen.

- Niemals wird das Befolgen eines Kommandos als Strafe eingefordert! Der Hund sollte keinesfalls vermittelt bekommen, Kommandos seien etwas, womit er konfrontiert ist, wenn Herrchen oder Frauchen ärgerlich ist und schlechte Stimmung herrscht. Oberstes Gebot ist: Kommandos sind immer gut und lassen auf etwas Schönes wie Leckerchen, Lob oder entsprechend Erfreuliches für den Hund hoffen. So wird eine positive Erwartungshaltung und eine gespannte Aufmerksamkeit erzeugt.

- Die Übung darf keinesfalls zu lange dauern. Bei Diego begannen wir mit einer „sitz"-Übung von ca. fünf Sekunden.

- Die Körpersprache und Stimme des Menschen, der mit dem Hund arbeitet, sind stark reduziert. Denn wie schon erwähnt: Wenn man selbst in höchsten Tönen flö-

tend vor dem Hund herumzappelt, KANN er nicht zur Ruhe kommen. Stimmungsübertragung funktioniert nicht nur von Hund zu Hund, sondern auch von Mensch zu Hund – und umgekehrt.

- Der Hund sollte ausreichend Gelegenheit gehabt haben, seinen Bewegungsdrang auszuleben. Es wäre unsinnig, Übungen wie das „Regulativ im Warten" zu beginnen, wenn der Hund gerade auf den Trainingsplatz gekommen ist.

- Das „Regulativ im Warten" wird niemals benutzt, wenn sich ein Hund durch jemanden (einen Artgenossen, ein anderes Tier oder einen Menschen) bedroht fühlt. Es wäre unfair, ihn in einer solchen Situation in eine wehrlose Position zu zwingen.

Auch wenn Diego die Kommandos, die ihn etwas zur Ruhe bringen sollten, anfangs nur wenige Sekunden durchhielt, machte er doch deutlich Fortschritte. Nach neun Einzeltrainings nahmen wir also ein weiteres Trainingselement hinzu, das wir „changing the association" nennen. Hunde lernen unter anderem durch Assoziation, also durch Verknüpfung. Diego hatte über Monate die Verknüpfung hergestellt, das Treffen anderer Hunde, ja selbst nur deren Anblick, sei extrem unangenehm und müsse zum Eigenschutz mit Aggression beantwortet werden, sobald ein gewisses Maß an Distanz unterschritten ist. Als ich Diego kennen lernte, konnte dieses Maß bei 200 Metern liegen! Es galt nun also, diese Verknüpfung zu ändern in eine neutrale oder sogar positive Assoziation beim Anblick anderer Hunde. Die von der vorherigen Trainerin und von einem Tierarzt abgegebene Einschätzung, Diego sei dominant gegenüber anderen Rüden und unberechenbar, teilte ich von Anfang an nicht. Dieser

Hund war nur eines: GESTRESST – und zwar in einem mir bis dahin nicht bekannten Ausmaß.

Als wir das Training zur Veränderung der Assoziation begannen, bestand die Zielsetzung darin, ihn irgendwann so weit zu bringen, dass er mit einem Abstand von vielleicht zwei bis drei Metern an einem Hund vorbeigehen konnte, ohne völlig auszurasten. Dies gelang uns auch verblüffend schnell. Diego begriff beinahe sofort, dass die anderen Hunde nicht zu nahe kamen, und er blieb ruhig, solange er ausreichend Unterstützung von seinem Frauchen bekam. Wir hatten bis dahin ausschließlich mit Hündinnen als Trainingspartnern gearbeitet, und da dies so erfolgreich verlaufen war, wollten wir es nun mit einem Rüden ausprobieren. Wir holten meinen großen Rüden Chenook hinzu, eine Mischung aus Hovawart, Deutschem Schäferhund und Collie.

Chenook verhielt sich vollkommen ruhig an meiner Seite. Diego spulte zunächst den ihm bekannten Übungsablauf ab, aber als sich Chenook und ich uns ihm und Frau Trobisch bis auf etwa sechs Meter genähert hatten, brach Diego vollkommen zusammen. Er stand da mit leerem Blick, eingeklemmter Rute, breitbeinig, unfähig zu reagieren – er wusste überhaupt nicht, wie er sich verhalten sollte und war restlos überfordert. Natürlich stellten wir sofort wieder mehr Distanz her, so dass sich Diego wieder besser fühlte. Er tat mir unendlich leid, und doch war die Situation für etwas gut gewesen. Diego war nicht aggressiv nach vorne gegangen! Er hatte dieses Verhaltensmuster offensichtlich schon abgelegt, hatte aber noch keine Ahnung, wie er sich stattdessen benehmen sollte. In diesem Stadium der Unsicherheit konnten wir ihn natürlich nicht hängen lassen. Frau Trobisch blieb mit ihm in ausreichend großer Entfernung zu mir und Chenook stehen und belohnte jedes noch so kleine Beschwichtigungssignal, das er aussandte. Auch wenn er mal einen Blick

in unsere Richtung riskierte, sprach sie ermunternd mit ihm und belohnte ihn. Außerdem gab sie ihm Körperkontakt, indem sie sich dicht neben ihn stellte. Nach einigen wenigen Durchgängen beendeten wir das Training. Diego schlief im Auto und zu Hause stundenlang wie ein Stein… was erahnen lässt, wie anstrengend die Situation für ihn gewesen war. Es war übrigens oftmals nicht möglich, länger als 15 Minuten mit Diego zu arbeiten, weil seine Konzentration dann stark nachließ und er eher Rück- als Fortschritte machte.

Rückschritte gab es natürlich sowieso. Distanzen zu anderen Hunden, die beim vorangegangenen Training leicht bewältigt worden waren, wurden auf einmal wieder problematisch. Übungen, die er längst beherrschte, führte er nicht mehr aus – manchmal schien er sie regelrecht vergessen zu haben. Besprachen Frau Trobisch und ich dann die Ereignisse der letzten Tage, fanden wir oft etwas, was Diego erneut gestresst hatte. Und ab und zu standen wir auch ratlos da und wussten nicht, was mit ihm los war. Gott sei Dank waren diese Momente selten.

Einer der frustrierendsten Momente war im Sommer 2002. Wir hatten Diego und Anna im Training zunächst getrennt. Anna war in eine Gruppe unterschiedlichster anderer Hunde (große und kleine, junge und alte, männliche und weibliche) integriert worden, die sie einmal wöchentlich besuchte. So bekam sie die Gelegenheit zum friedlichen (!) Sozialkontakt mit Artgenossen. Das klappte gut. Anfangs musste man aufpassen, dass sich Anna nicht durch Rennspiele zu sehr hochpowerte und dann grob wurde. Doch schließlich wurde sie immer routinierter und sicherer im Umgang mit den anderen Hunden.

Nun sollten Anna und Diego gemeinsam an anderen Hunden vorbeigehen. Diese Übung hatte mit jedem allein super geklappt und so wagten wir den Versuch, es mit beiden gleichzeitig auszuprobieren. Ein totaler Reinfall! Ausgehend von Anna (nicht von Diego!) schaukelten sie sich beim Anblick des anderen Hundes sofort hoch. Das ganze alte Programm! Wir überlegten ernsthaft, ob es besser wäre, die Hunde zu trennen und ein neues Zuhause für Anna zu suchen... Diesen Gedanken verwarfen wir dann aber doch wieder, weil die Hunde sehr aneinander hingen und auch Frau Trobisch schon allein bei dem Gedanken, Anna abzugeben, die Tränen in die Augen schossen. Frustriert gaben wir für diesen Tag auf.

Kurz darauf zeigte sich ein neues Problem. Nachdem das Ballspielen inzwischen völlig abgesetzt worden war, suchte sich Diego Ersatzbeute – in Gestalt von Joggern, Radfahrern usw. Je schneller sich etwas vorwärts bewegte, desto interessanter war es, dem hinterherzujagen. Die Konsequenz für das Training lautete:

- Einsatz einer zehn Meter langen Schleppleine, um Diego besser kontrollieren zu können.
- Verstärktes Einüben der Abrufkommandos.
- Übersichtliches Gelände wählen, damit nicht plötzlich ein Jogger um die Ecke gerannt kommt und direkt vor Diego auftaucht.
- Wieder etwas mit dem Ball spielen, aber nur ganz wenig!

Wir ließen übrigens auch Diegos Schilddrüsenfunktion kontrollieren, da eine Erkrankung dieser ebenfalls zu überschießenden Reaktionen führen kann. Die Werte waren aber im Normalbereich.

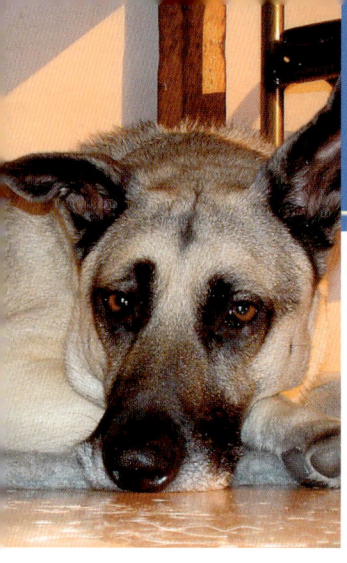

Im April entschloss sich Frau Trobisch, Diego kastrieren zu lassen. Diesen Schritt hatten wir uns reiflich überlegt und zwei weitere, sehr kompetente Trainerinnen um ihre Meinung gefragt. Beide lernten Diego kennen und waren ebenfalls der Meinung, dass eine Kastration helfen könnte, seinen Stresspegel weiter zu senken. Nach der Kastration hatte Diego eine längere Trainingspause, damit die Wunde erst einmal richtig verheilen konnte. Im Juni setzten wir das Training fort und mussten feststellen, dass Diego Rückschritte gemacht hatte. Offensichtlich war es für ihn noch wichtig, regelmäßig ins Training zu kommen. Die Kastration stellte sich aber als die richtige Entscheidung heraus, denn Diego wurde drei bis vier Monate nach dem Eingriff deutlich ruhiger und ausgeglichener. Er war immer noch sehr lebhaft, aber insgesamt ansprechbarer. Nachdem das Training wieder regelmäßig stattfand, machte Diego auch schnell wieder Fortschritte.

Im August war Diego wieder deutlich nervöser und hibbeliger. Auf Nachfrage stellte sich heraus, dass die Eltern von Frau Trobisch mit ihrem Colliewelpen zu Besuch waren – für drei Wochen, was eindeutig zu viel für Diego war. Allerdings soll der unglaubliche Erfolg nicht unerwähnt bleiben, dass Diego diesen fremden Hund überhaupt in seinem Haus akzeptierte.

Große Erfolgsmeldung Ende August! Frau Trobisch rief mich an, um mir voller Freude zu erzählen, Diego habe eine fremde Hündin, die in sein Auto mit reinspringen wollte, angeknurrt. Dieses Ereignis hätte manch anderen Hundehalter wahrscheinlich wenig begeistert, aber Frau Trobisch war inzwischen geschult genug, um zu wissen, was dies bedeutete. Diego hatte die Nerven behalten und nur gedroht, worauf die Hündin auch sofort reagierte und sich vom Auto entfernte. Früher hätte er sich auf sie gestürzt wie ein Berserker. Ein ganz großer Tag in Diegos Leben – er hatte gelernt zu warnen!

Weitere Fortschritte folgten. Jogger, Radfahrer usw. sind kein Problem mehr. Diego ist noch ruhiger geworden, obwohl er noch immer sehr temperamentvoll ist. Er sucht jetzt von sich aus Körperkontakt zu seinem Frauchen und will schmusen. Auch an der Leine läuft er schon ruhiger als zuvor – auch wenn er immer noch zieht und Frau Trobisch gelegentlich von einem an locker durchhängender Leine freudig neben ihr herlaufenden Hund träumt. Inzwischen gab es zwei bis drei Begegnungen mit fremden Hunden, die friedlich verlaufen sind. Einmal traf Diego sogar eine ganze Gruppe von Hunden, in der er sich ohne jeglichen Zwischenfall frei bewegte. Aber nicht alle Begegnungen sind unproblematisch. Grundsätzlich gibt es gute und schlechte Tage, aber die schlechten werden weniger. Noch immer wird das Training fortgesetzt. Morgen sehe ich ihn und Frau Trobisch wieder. Wir wollen versuchen, ihn mit einem anderen Hund spazieren gehen zu lassen. Unsere Chancen, dass das klappt, sind gut. Frau Trobisch sagt, sie habe ein bisschen weiche Knie bei dem Gedanken daran und hoffe, dass alles gut gehe. Ich bin zuversichtlich. Diego hat schon so viele Fortschritte gemacht und ist ein ganz toller Hund. Er braucht nur noch etwas mehr Zeit...

MERLIN

Im Sommer 2009 wurde Merlin, ein vierjähriger Weimaraner-mischling, in meiner Hundeschule vorgestellt. Merlin lebt mit Familie Huber, einem Ehepaar und deren sechs- und achtjäh-rigen Söhnen, in einem Haus mit Garten am Rande von Mün-chen. Die Familie nahm ihn als Welpen zu sich und glaubte, es habe seitdem keine nennenswerten Probleme zwischen ihm und ihnen gegeben. Jetzt aber war es zu einem Zwi-schenfall gekommen, bei dem Merlin den älteren der Söh-ne ins Gesicht geschnappt hatte. Es war Gott sei Dank nur zu geringen Verletzungen gekommen, aber die Eltern waren gewarnt und wollten natürlich keinesfalls, dass die Situation zwischen Merlin und dem Kind weiter eskalierte. Allerdings hatten sie auch nicht die geringste Ahnung, warum es zu diesem Übergriff gekommen war, denn sie versicherten mir, dass Merlin sehr geduldig und freundlich mit beiden Jungs sei. Ratlos saßen sie mir alle gegenüber und ich befragte sie zunächst über Merlins Welpen- und Jugendzeit, seine bis-herige Ausbildung, das Zusammenleben im Allgemeinen, Gassi-Geh-Gewohnheiten und Fütterung, während er selbst rastlos um uns herumlief, seine Leute dauernd anstupste, winselte und insgesamt einen sehr ruhelosen und zerrisse-nen Eindruck machte.

Es stellte sich heraus, dass Merlin immer mal wieder Proble-me mit anderen Rüden hatte, insbesondere wenn er ihnen an der Leine begegnete. In der Hundeschule, die bisher be-sucht worden war, wurde daran nicht gearbeitet und seine Ruhelosigkeit, sein Hin- und Hergerenne und ständiges Ge-fiepe und Gewinsel wurden als „rassetypisch" für den Wei-maraner abgetan. Ins Gruppentraining durfte Merlin schon nach wenigen Treffen nicht mehr kommen, weil seine Lieb-lingsbeschäftigung darin bestand, die anderen Hunde zu mobben. Die Trainerin ging so weit, der Familie zu sagen, dass Merlin eine geringe Frustrationstoleranz habe und sie diesen Köter nicht geschenkt haben möchte – bot aber kein Training an, um Merlins Verhalten in gewünschte Bahnen zu lenken. So entschloss man sich, das Training abzubrechen und lieber selbst zu versuchen, sein Verhalten in den Griff zu bekommen. Dabei ging es nicht immer sanft zu. Während Frau Huber versuchte, möglichst allen Hundebegegnungen auszuweichen, weil sie sich schlichtweg überfordert damit sah, den jungen, kräftigen Rüden zu halten, wenn der sich in die Leine warf, bestand Herr Huber, sozusagen als Ausgleich für die Unfähigkeit seiner Frau, sich durchzusetzen, auf unbedingtem Gehorsam und setzte diesen, wenn aus seiner Sicht nötig, auch mit Leinenruck, Einschüchterung oder Schlägen mit der Leine durch. Kein Wunder also, dass sich Merlin bei ihm angstvoll fügte, während er sich bei seiner Frau immer wilder gebärdete, wenn er einen Artgenossen sah. Ich erklärte Fam. Huber, dass diese Erziehungsansätze sicher nicht richtig gewesen seien und Merlins Aggressionen gegen Artgenossen nur verstärkten, dass ich mir aber nicht erklären könnte, warum es zu der Attacke gegen den Sohn gekommen war, denn der hatte mit Sicherheit rein gar nichts damit zu tun, da die Kinder mit dem Hund nicht spazieren gingen.

Zu diesem Zeitpunkt des Gesprächs wurde Frau Huber sichtlich nervös und sagte schließlich zu ihrem Mann, man müsse schon ehrlich sein, sonst könne man die Probleme nicht lösen. Ihr Mann nickte zustimmend und so erzählten mir die beiden, dass es schon etwas gäbe, was wohl irgendwie nicht ganz in Ordnung gewesen wäre... Sie berichteten von sehr grobem Spielverhalten der Söhne mit dem Hund. Merlin wurde des Öfteren „aus Spaß" gezwickt, in den Schwitzkasten genommen, von hinten kommend überfallen usw. Außerdem werde er festgehalten, wenn die Jungs mit ihm

schmusen wollten, er aber keine Lust dazu habe. Ich fragte, wie lange das denn schon so ginge und Hubers erzählten mir beschämt, das sei schon immer so. Auf meine Frage, warum sie den Kindern das nicht verbieten würden, kam das Gespräch ins Stocken. Herr und Frau Huber sahen sich an, dann sagte er: „Es nützt ja nichts, wir müssen ehrlich sein", und gab zu, dass die Söhne sich dieses Verhalten wohl bei ihm abgeschaut hätten, denn er „spiele" sowohl mit Merlin als auch mit ihnen selbst auf die gleiche Art und Weise. Deshalb hatte es zwischen den Eheleuten auch schon mehrfach Streit gegeben; Herr Huber hatte aber bisher nicht geglaubt, dass sein Verhalten ein Problem sei. Inzwischen sah er das aber anders und ich war tief beeindruckt von seiner Ehrlichkeit und dem aufrichtigen Bemühen der gesamten Familie, die Probleme in den Griff zu kriegen, denn sie wollten Merlin auf keinen Fall abgeben.

Mir ging während des ganzen Gesprächs die Behauptung der Trainerin durch den Kopf, der Hund habe eine mangelnde Frustrationstoleranz... oh mein Gott, wenn irgendeiner in dieser Familie eine Frustrationstoleranz bis ins Unermessliche gezeigt hatte, dann war es Merlin! Wie frustrierend muss es für ihn gewesen sein, über Jahre so behandelt worden zu sein. Und trotzdem liebte dieser Hund seine Familie und wollte bei ihr bleiben, das war ganz deutlich zu sehen.

Im weiteren Gesprächsverlauf stellte sich noch heraus, dass Merlin oft lange Bergtouren mitmachte, von denen er fix und fertig nach Hause kam und dass auf Spaziergängen praktisch ständig der Ball für ihn geworfen wurde. An dem Tag des Zwischenfalls hatte er eine dieser Bergtouren hinter sich gebracht, endlich wieder zu Hause angekommen, legte er sich auf das Sofa im Wohnzimmer, um sich auszuruhen. Der ältere Sohn wollte mit ihm kuscheln und setzte sich zu ihm. Als er sich stark über ihn beugte, um ihn am Kopf zu streicheln, drehte Merlin diesen weg, worauf der Sohn ihn am Hals-band festhielt. Schließlich wurde es dem Hund zu viel und er schnappte dem Jungen ins Gesicht.

Ich erklärte Fam. Huber, dass ein Hund von Merlins Größe weit schlimmere Verletzungen hätte zufügen können, wenn er dies gewollt hätte und dass ich glaubte, dass der Sohn eine Art letzte Warnung von Merlin bekommen hatte, ihn endlich in Ruhe zu lassen, dass es sicher nicht schön war, dass Merlin überhaupt geschnappt hatte, aber dass es absolut der Gut-mütigkeit dieses Hundes zuzuschreiben war, dass nicht noch viel mehr passiert war.

Fam. Huber war hin- und hergerissen. Einerseits verstanden sie meine Argumente, andererseits hatten sie von der Ver-wandtschaft und aus dem Freundeskreis schon jede Menge Ratschläge bekommen, den Hund lieber abzugeben, weil dieser dominant sei, den Jungen im Rang unter sich ein-ordnen wolle, jetzt eine Grenze überschritten habe, die nie wieder herzustellen sei usw. Sie fragten mich, was ich davon hielte und ich erklärte ihnen, dass ich das schlichtweg für Un-sinn halte, der fachlich nicht zu begründen ist. Dieser Hund hätte schon seit Jahren jeden Grund gehabt, sich zur Wehr zu setzen und hatte stattdessen so lange eingesteckt, bis er einfach nicht mehr konnte. Ich würde nur Probleme sehen, ihn zu behalten, wenn die Jungs und ihr Vater ihr Verhalten ihm gegenüber nicht änderten.

Nach einem Tag Bedenkzeit, der genutzt wurde, um Fami-lienrat zu halten, rief mich Frau Huber an und bat um Trai-ningseinheiten. Man hätte über alles nachgedacht und alle Familienmitglieder hätten versprochen, ihr Verhalten zu än-dern, um einen Neustart mit Merlin zu ermöglichen. Bei den vereinbarten Terminen bearbeiteten wir folgende Punkte:

- Wenn Merlin sich in sein Körbchen oder auf das Sofa zurückzieht, wird er strikt in Ruhe gelassen. In den ersten Wochen nach dem Vorfall sollte er von den Söhnen nur gestreichelt werden, wenn er freiwillig zu ihnen kam. Die Söhne hatten striktes Verbot, von sich aus Kontakt mit Merlin aufzunehmen, damit dieser erst mal aus dem Stress des „Zwangskuschelns" raus kam.

- Ich erklärte Fam. Huber, wie sie anhand von Beschwichtigungssignalen und Stress-Symptomen erkennen konnten, wann es Merlin zu viel wurde. Außerdem sprachen wir über die notwendige Einhaltung von Distanzen und die Frage, wann, warum und wie diese unterschritten werden dürfen.

- Wir übten Apportier- und Suchspiele ein, um den Jungs zu zeigen, wie sie sich auf eine Art und Weise mit Merlin beschäftigen konnten, die ihnen und ihm Spaß machte.

- Herr Huber versprach darauf zu achten, dass er sanfter mit Merlin (und den Söhnen) umging. Die Söhne versprachen das Gleiche in Bezug auf Merlin.

- Wir stellten einen Wochenplan auf, in dem wir genau festlegten, wie oft und wie lange Merlin spazieren gehen sollte – und wann er Pausen hatte.

- Das Ballspielen wurde drastisch reduziert.

- Wir bearbeiteten Merlins Leinenaggression und sein mobbendes Verhalten gegenüber Artgenossen mit einem entsprechenden Trainingsprogramm und Merlin lernte innerhalb weniger Wochen, sich an der Leine ruhig zu verhalten, wenn er andere Hunde traf. Nach drei Monaten war er so weit, dass er zum Gruppentraining kommen durfte, in dem er lediglich bei den ersten vier bis sechs Treffen immer mal wieder eingegrenzt werden musste, wenn er zu grob wurde. Übrigens auch sein Herrchen, das dann schnell in alte Verhaltensmuster zurückfiel und glaubte, über Druck und Härte eingreifen zu müssen.

Nach etwa fünf Monaten hatten wir alle das Gefühl, die Situation grundlegend verändert zu haben. Alle Familienmitglieder gingen freundlich und entspannt miteinander um, Merlin war insgesamt viel ruhiger geworden. Er verhielt sich beim Gruppentraining und bei den gemeinsamen Spaziergängen normal gegenüber Artgenossen und verfügte über einen außergewöhnlich guten Gehorsam, da er richtig Spaß daran hatte, Kommandos auszuführen. Insbesondere mit Herrn Huber arbeitete er sehr gern.

Ich habe noch immer Kontakt mit der Familie und kann heute, 2 ½ Jahre später sagen, dass die positiven Veränderungen bis heute anhalten und es nie wieder zu einem Vorfall zwischen Merlin und seinen Menschen gekommen ist – und sicher auch nicht mehr kommen wird.

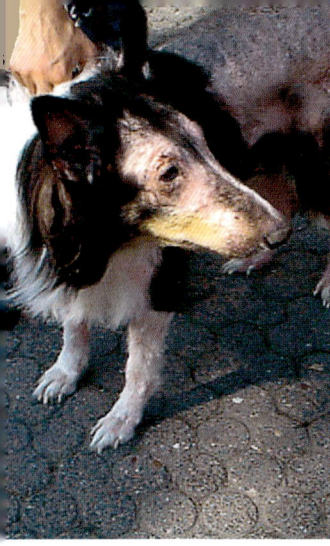

LUCIA

Wir bekamen einen Anruf von Margit Koopmann vom Tier-schutzverein „Collie in Not e.V.", die uns fragte, ob wir uns um eine Colliehündin kümmern könnten, die sich in einem ganz erbärmlichen Zustand befinde. Es handle sich um ei-nen Notfall, die Hündin sei von ihrem Halter in eine Tier-klinik gebracht worden; an der dringend erforderlichen, umfassenden Untersuchung und Behandlung sei er jedoch nicht interessiert, da ihm diese zu teuer seien. Nun drohte aus mehreren Gründen die Einschläferung der Hündin. Ers-tens wollte der Halter dies so, zweitens fand sich niemand, der den Hund haben wollte und bereit war, die Kosten zu übernehmen, und drittens stand die Frage im Raum, ob eine Behandlung sinnvoll sei, wenn die Zukunft der Hündin in keiner Weise geklärt war. Eine der Ärztinnen hatte den Ver-ein um Hilfe gebeten, da ihr die Hündin leid tat und sie ei-gentlich keinen Grund für eine Einschläferung sah. Sie habe zwar starken Haarausfall und Hautläsionen und sei deshalb nicht gerade schön anzusehen, was ihre Vermittlungschan-cen senke, aber das müsse eigentlich in den Griff zu kriegen sein, wenn man erst einmal herausbekommen habe, was ihr eigentlich fehle. Man hatte schon einige Bluttests gemacht und Hautpartikel untersucht, die Befunde waren aber in Ordnung und brachten keinen Aufschluss darüber, was ge-nau los war. Sie war zwar stark verfloht gewesen, aber dieser Flohbefall allein konnte ihren desolaten Zustand nicht erklä-ren. Es wurde auch der Verdacht geäußert, dass ihre Prob-leme zumindest teilweise stressbedingt und psychischer Natur seien, da sie sehr lieblos von ihrem Halter behandelt worden war und ziemlich „durch den Wind" sei.

Über ihre vorherigen Haltungsbedingungen war bekannt, dass sie auf einem Hof lebte, nicht mit ins Haus durfte, drau-ßen allerdings auch keine Hütte oder sonstigen Unterstand hatte. Sie bekam nur minderwertiges Futter und wurde von ihrem Eigentümer nicht gut behandelt.

Wir sagten zu, diese Hündin aufzunehmen, und so traf sie am nächsten Tag bei uns ein – und sah tatsächlich schlimm aus. Von ihrem Fell war kaum etwas übrig, der Hund war beinahe nackt. Die Haut war über und über mit Schürfwunden bedeckt und stark aufgequollen. Einige Stellen waren blutig und teilweise nässten sie. Der Gesichtsbereich war besonders stark betroffen. Es ging ein unsäglicher Gestank von der Hündin aus und man musste einen einigermaßen unempfindlichen Magen haben, um mit ihr in einem Raum bleiben zu können, ohne zu würgen. Sie war von der langen Autofahrt und den verschiedenen fremden Menschen um sie herum entsprechend erschöpft, machte auf uns aber nicht den Eindruck, als sei sie psychisch sehr belastet. Im Grunde waren wir sogar überrascht, wie – den Umständen entsprechend! – gut sie drauf war.

Eine damalige Mitarbeiterin bot sich an, Lucia (so nannten wir sie) zu betreuen und zu pflegen, bis sie wieder gesund sei und ein neues Zuhause für sie gesucht werden konnte. Diese Mitarbeiterin wohnte damals mit ihren vier Hunden und sechs oder sieben Katzen in einem kleinen Haus mitten im Wald. Dieses Haus steht auf einer Lichtung und selbst tagsüber kommen die Rehe bis vor die Haustür. Es gibt keine Nachbarn, keine Straßen, keinen Lärm und der Briefkasten steht zwei Kilometer vom Haus entfernt, so dass nicht einmal der Postbote vorbeikommt. Ruhe und Idylle pur, ein kleines Paradies und genau das Richtige für Lucia. Fand sie auch! Sie fügte sich sofort in diese kleine Gemeinschaft ein und tat vor allem eines – schlafen. Sie schlief und schlief und schlief. Erst nach einigen Tagen begann sie, sich intensiver mit den anderen vierbeinigen Hausbewohnern zu beschäftigen und schloss schnell Freundschaft.

Zwischenzeitlich wurde Lucia nochmals gründlich untersucht und unser Tierarzt stellte eine leichte Stoffwechselerkrankung fest. Allerdings war diese nicht so ausgeprägt, dass sie Lucias desolaten körperlichen Zustand ausreichend erklären konnte. Unsere Mitarbeiterin entschied sich in Absprache mit dem Tierarzt, sie zusätzlich zu entgiften und stellte hierzu einige homöopathische Mittel zusammen.

Ich sah Lucia drei Tage nach ihrem Eintreffen bei uns wieder. Sie sah zwar furchtbar aus und roch immer noch ziemlich intensiv, machte aber sonst keinen besorgten Eindruck, wie ich ihn oft bei Tieren erlebe, die eine schlimme Zeit hinter sich haben und nun bangen, was als Nächstes kommt. Lucia schien uns vollkommen zu vertrauen, was mich sehr berührte, denn ihre bisherigen Erfahrungen mit Menschen hatten ihr hierzu sicher nicht immer Anlass gegeben. Sie war freundlich und aufgeschlossen, machte aber auch einen sehr erschöpften Eindruck, reagierte nervös auf laute oder plötzlich auftretende Geräusche und bewegte sich auffallend langsam. Nicht unbedingt schüchtern und vorsichtig, sondern eher wie jemand, dem gerade alles zu viel ist.

Schon nach etwa einer Woche trocknete die Haut und auf den blutigen Stellen bildete sich Schorf, der sich im weiteren Verlauf in kleinen Platten löste. Kurz darauf zeigte sich der erste zarte Flaum an einigen vorher kahlen Stellen. Wir waren ganz außer uns vor Freude. Der Gestank wurde deutlich weniger und war nach etwa drei oder vier Wochen gänzlich verschwunden. Mit der Zeit wuchsen dann auch wirklich wieder die Haare.

So allmählich war es an der Zeit, für Lucia ein neues Zuhause zu finden. Ein Bekannter, der sich damals bei uns in der Ausbildung zum Hundetrainer befand, war mein Wunschkandidat. Er ist ein ruhiger und ausgeglichener Zeitgenosse mit einem großen Herzen für alle Hunde dieser Welt. Und tatsächlich fand sie bei ihm und seiner Familie ihren Platz fürs Leben. Wir alle waren froh, denn besser hätte sie es nicht treffen können: liebe Menschen mit Hundeverstand, ein Haus mit Garten und – ein Mitbewohner auf vier Pfoten, die Bernersennenhündin Mandy. Außerdem freuten wir uns, dass wir durch Franks regelmäßige Besuche Lucia immer mal wieder zu sehen bekommen würden und so der Kontakt zwischen ihr und uns nicht ganz abreißen würde.

Wir gehen davon aus, dass Stress damals die Hauptursache für Lucias schlechten körperlichen Zustand war. Unser Tierarzt bestätigt diese Vermutung, denn auch die Stoffwechselstörung (der einzige klinische Befund, den er überhaupt hatte feststellen können) verschwand von selbst, nachdem Lucia ihr seelisches Gleichgewicht und ihre innere Ruhe wiedergefunden hatte. Das Anti-Stress-Programm für sie bestand also darin,

- ihr Liebe und Geborgenheit zu vermitteln,
- ihr ausreichend viele Rückzugsplätze zum Ausruhen und Schlafen zur Verfügung zu stellen,
- ihr einfach ein möglichst hundegerechtes Leben mit Kontakt zu Artgenossen, freundlichen Katzen und Menschen,
- Spaziergängen an der frischen Luft und
- gesunder Ernährung zu bieten.

Das war alles. Lucia ist wieder vollkommen gesund.

WOLFGANG UND BERND

Wolfgang ist ein stattlicher Bernersennenrüde. Er ist schon als Welpe zu Familie Pleuger gekommen und hatte sein ganzes Leben bei ihr verbracht. Wolfgang wurde angeschafft, als der Sohn von Familie Pleuger acht und die Tochter sechs Jahre alt waren. Die Kinder sollten mit einem Haustier aufwachsen, und da die Hündin des Postboten gerade Junge hatte, wurde er ausgesucht. Inzwischen war Wolfgang elf Jahre alt, ein hohes Alter für einen so großen Hund. Familie Pleuger verband viele schöne Erinnerungen aus den viel zu schnell vergangenen Jahren mit ihm, und mit Wehmut dachten sie daran, dass Wolfgang sicher nicht mehr sehr lange bei ihnen sein würde. Das Aufstehen fiel ihm schwer, weil seine Hüften nicht in Ordnung waren und sein Bewegungsapparat insgesamt nicht mehr so geschmeidig war und Verschleißerscheinungen aufwies. An warmen Tagen hatte er Probleme mit dem Kreislauf, weshalb ihm vom Tierarzt Tropfen verschrieben worden waren, die er jeden Morgen einnehmen musste. Ein Freund hatte Familie Pleuger geraten, sich einen

neuen Hund anzuschaffen, bevor Wolfgang eines Tages sterben würde. Am besten einen Welpen, dann könne Wolfgang diesen noch mit erziehen und der werde dann all die tollen Charaktereigenschaften übernehmen, die Familie Pleuger so an ihrem Hund schätzte. Und so wurde Bernd angeschafft. Da die Pleugers so gute Erfahrungen mit der Rasse gemacht hatten, entschieden sie sich auch diesmal wieder für einen Bernersennenhund und suchten bei einem empfohlenen Züchter den kräftigsten und lebhaftesten Welpen des Wurfes aus. Voller Begeisterung über den süßen kleinen Racker brachten sie ihn mit nach Hause und stellten ihn Wolfgang vor. Zur großen Enttäuschung der Pleugers interessierte sich dieser kaum für ihn. Er beschnüffelte ihn zwar ausgiebig, legte sich dann aber wieder seufzend auf seinem Platz nieder und schlief.

In den nächsten Tagen fielen Heerscharen von Besuchern aus dem Freundes- und Bekanntenkreis ein, die alle von Pleugers angerufen worden waren und nun Bernd sehen wollten. Im Gegensatz zu Wolfgang waren diese schier außer sich vor lauter Verzückung über diesen kleinen tollpatschigen Kerl, der noch alle Mühe hatte, mit der Größe seiner Pfoten zurechtzukommen. Wolfgang schien ganz froh zu sein, wenn er sich in sein Körbchen zurückziehen und schlafen oder dösen konnte. Der Rummel war ihm anscheinend etwas zu viel.

Gott sei Dank verlieren alle Attraktionen mit der Zeit ihren Glanz und so ließen die Besuche nach. Es wurde wieder ruhiger im Haus – und Bernd langweilte sich. Wie von einem Welpen nicht anders zu erwarten, wollte er spielen. Er war ständig unterwegs, um im Haus oder Garten Neues zu entdecken. Abends hatte er die für alle Welpen typischen „fünf Minuten", in denen er wie von der Tarantel gestochen durchs Haus jagte, alles umfegte, was im Weg stand und bellte. Näherte er sich hierbei Wolfgang oder versuchte er gar diesen zum Spielen aufzufordern, brummte der gewaltig. So hatten sich die Pleugers das nicht vorgestellt. Sie konnten auch gar nicht verstehen, warum sich Wolfgang so aufführte, und glaubten, er sei eifersüchtig, weil Bernd so viel Aufmerksamkeit auf sich zog. Sie schimpften ihn für sein Verhalten aus und erzählten ihm in ermahnendem Ton, dass Bernd Welpenschutz besitze und er deshalb schön lieb zu ihm sein solle. Das hatten sie nämlich in einem Buch gelesen, in dem ebenfalls stand, dass gerade Rüden sehr liebevoll und geduldig mit ihrem Nachwuchs seien.

Gingen die Pleugers mit Wolfgang und Bernd spazieren, versuchte Bernd anfangs, Wolfgang zum Spielen aufzufordern. Der beantwortete dies im besten Falle mit deutlichem Drohen. Verzog sich Bernd daraufhin nicht sofort, schnappte er nach ihm. Bernd schrie dann auf und trollte sich. All seine freundlich gemeinten Annäherungsversuche wurden von dem alten Rüden vehement abgelehnt, eine nicht gerade schöne Erfahrung für einen Welpen. Einmal hatte Bernd versucht, sich neben Wolfgang ins Körbchen zu kuscheln – hätten die Pleugers ihn nicht schnell weggenommen, hätte es geknallt, denn Wolfgang hatte die Zähne schon bis zum Ansatz gezeigt. Mit der Zeit eskalierte die Situation zwischen dem jungen und dem alten Hund derartig, dass Bernd nur noch geduckt durch Haus und Garten schlich, wenn sich Wolfgang in der Nähe befand. Und Wolfgang versuchte seinerseits, Bernd aus dem Weg zu gehen. Schließlich kam es, wie es kommen musste. Wieder waren die Pleugers mit beiden Hunden unterwegs und Bernd rempelte Wolfgang seitlich an, als er übermütig einem Schmetterling hinterherrannte – woraufhin Wolfgang ihn mit donnerndem Drohen und Fletschen unter sich begrub. Die Pleugers trennten die beiden Hunde. Viel war nicht passiert, Bernd hatte ein paar Kratzer abbekommen und war sichtlich geschockt, aber es wurde deutlich, dass sich die Situation zwischen den beiden zuspitzte und es so nicht weitergehen konnte. Die Pleugers waren total frustriert. Wolfgang hatte sich vollkommen verändert. Immer war er ruhig, eher gemütlich und freundlich zu Hunden und Menschen gewesen. Jetzt war er ständig gereizt, brummte inzwischen auch andere Hunde und sogar die Pleugers selbst an. Das war in all den Jahren nie vorgekommen und man überlegte schon, ob er vielleicht einen Hirntumor habe. Sie vereinbarten einen Termin in meiner Hundeschule, um sich Rat zu holen.

Nachdem ich mir die ganze Geschichte angehört hatte, besprachen wir die Lage. Ich erklärte den Pleugers, dass man keinesfalls davon ausgehen kann, dass jeder erwachsene Hund begeistert von Welpen ist. Den viel zitierten – und strapazierten! – Welpenschutz gibt es nicht. Richtig ist, dass die Toleranz gegenüber Welpen höher ist als gegenüber erwachsenen Hunden. Aber das bedeutet nicht, dass ein Welpe tun und lassen kann, was er will, ohne diszipliniert zu werden. Wäre dies so, würde ein Welpe ja auch nicht durch die Althunde erzogen...

Wolfgangs Verhalten ließ darauf schließen, dass er durch die Anwesenheit des Welpen deutlich genervt und gestresst war. Dies erklärte auch seine Gereiztheit und gesteigerte Aggressivität. Ein Hirntumor, das diagnostische Schreckgespenst der Veterinärmedizin, das immer dann als Erklärung für Verhaltensauffälligkeiten jeglicher Art herhalten muss, wenn einem sonst nichts mehr einfällt, konnte mit ziemlicher Sicherheit ausgeschlossen werden. Denn zum einen ist die Wahrscheinlichkeit, dass ein Hund an einem Hirntumor erkrankt, laut Statistik sehr gering, und zum anderen zeigte Wolfgang kein einziges der Symptome, die einen solchen Tumor in der Regel begleiten, wie zum Beispiel eine eingeschränkte Funktiontüchtigkeit der Sinnesorgane, epileptische Anfälle, Desorientierung, Störungen der Bewegungskoordination usw.

Krank war Wolfgang allerdings schon. Die oben erwähnten, altersbedingten Beschwerden bereiteten ihm Schmerzen. Er brauchte Ruhe. Ich erklärte den Pleugers, dass sie der Tatsache ins Auge sehen mussten, dass Wolfgang nicht mehr „der Alte", sondern alt war. Er war nicht mehr so belastbar und ausgeglichen wie früher. Bei uns Menschen lässt die Möglichkeit der Stresskompensation mit zunehmendem Alter nach, ebenso ist es bei Hunden. Die Anwesenheit von Bernd war einfach zu viel für Wolfgang, und der Tipp ihres Freundes, den Welpen anzuschaffen, war einfach ein falscher gewesen.

Außerdem mussten sie bedenken, dass es auch für Bernd keine schöne Lebenssituation war, in der er da aufwuchs. Statt nach Herzenslust zu toben und albern zu sein, schlich Bernd deutlich verschreckt und mit eingezogener Rute durchs Haus. Inzwischen stellte er jegliches Spiel ein, sobald er Wolfgang sah, und lag nur noch mucksmäuschenstill auf seiner Decke oder verließ das Zimmer. Am schlimmsten war dabei die Tatsache, dass er dieses Verhalten bereits auf andere erwachsene Hunde übertragen hatte und ihnen extrem schüchtern und ängstlich gegenübertrat. Keine gute Entwicklung, die so schnell wie möglich verändert werden musste. Ich riet den Pleugers dringend, Bernd abzugeben. Natürlich flossen die Tränen in Strömen, aber schließlich entschlossen sie sich, ein neues Zuhause für Bernd zu suchen, in dem er unbeschwert aufwachsen konnte. Tatsächlich war es für ihn sogar möglich, in der Familie zu bleiben, denn als die Schwester von Frau Pleuger hörte, dass Bernd weg müsse, nahm sie ihn zu sich. Alle atmeten auf – Wolfgang wahrscheinlich am meisten. Der erholte sich ziemlich schnell und wurde wieder so ausgeglichen und freundlich, wie er es immer gewesen war. Bernd ist inzwischen etwas über ein Jahr alt und gelegentlich gehen Frau Pleuger, ihre Schwester, Wolfgang und Bernd miteinander spazieren. Die Hunde vertragen sich gut, aber Frau Pleuger hat den Eindruck, dass Wolfgang schon immer sehr froh ist, wenn er dann wieder allein mit ihr nach Hause gehen kann. Und Frau Pleugers Schwester erzählte mir kürzlich, Bernd freue sich immer, wenn der alte Knochen nach gemeinsamen Runden wieder gegangen ist und sie beide noch mal ordentlich um den Block fetzen. Mit Stöckchen werfen, lautem Bellen und wildem Gerenne über die Felder und durch die Bäche. ☺

Diese Fallbeispiele zeigen, dass es wirklich kein Patentrezept für ein Anti-Stress-Programm gibt. So unterschiedlich bei den einzelnen Hunden die Symptome und auslösenden Faktoren waren, so unterschiedlich waren auch die Lösungsansätze.

Trotzdem gibt es ein paar Punkte, die man grundsätzlich beachten kann, um den Stresspegel eines Hundes so niedrig wie möglich zu halten.

- Sorgen Sie dafür, dass Ihr Hund ausreichend viele Ruhephasen im Tagesablauf hat, und stellen Sie sicher, dass er dann auch wirklich ungestört ist.

- Wenn Sie Besuch empfangen, in ein Lokal gehen, Freunde besuchen oder sonst etwas unternehmen, achten Sie darauf, wann Ihr Hund durch das Zeigen von Beschwichtigungssignalen oder anderen Verhaltensweisen zu verstehen gibt, dass es ihm zu viel wird. Überlegen Sie auch, ob es wirklich sinnvoll ist, den Hund immer überallhin mitzunehmen. Manchmal glauben wir, es sei für unseren Hund besonders schön, wenn er uns zum Einkaufen, zur Arbeit, zum Besuch bei Freunden usw. begleiten darf. Und manchmal ist dem sicher auch so. Aber behalten Sie trotzdem im Sinn, wann es für Ihren Hund zu viel des Guten wird.

- Sollten Sie mit dem Gedanken spielen, einen weiteren Hund, eine Katze oder ein anderes Haustier aufzunehmen, überlegen Sie vorher, wie wohl Ihr Hund mit diesem Familienzuwachs zurechtkommen wird. Bei der Auswahl des neuen Hundes sollten Sie Ihren bereits vorhandenen Hund unbedingt mit entscheiden lassen. Wie am Beispiel von Wolfgang und Bernd zu sehen, ist nicht jeder Hund über vierbeinigen Familienzuwachs erfreut.

Andererseits sollten Sie auch nicht davon ausgehen, dass sich zwei Hunde nicht mögen, nur weil sie in den ersten zehn Minuten noch nicht miteinander spielen. Auch wir Menschen möchten ein Gegenüber erst einmal kennen lernen, bevor wir uns entscheiden, ob wir Freundschaft schließen wollen.

- Ihr Hund sollte die Möglichkeit haben, instinktive Verhaltensweisen auszuleben. Natürlich nur, soweit dies möglich ist, denn selbstverständlich können Sie ihm nicht erlauben zu wildern. Aber Sie können es ihm ermöglichen, die unglaublichen Fähigkeiten seiner Nase einzusetzen, indem Sie gezielte Sucharbeiten mit ihm einüben. Sie werden erleben, wie begeistert Ihr Hund mitarbeitet und wie ausgeglichen und zufrieden er hinterher in seinem Körbchen schlummert.

- Geben Sie Ihrem Hund Zeit für Erkundungsverhalten. Dies gilt besonders, wenn Sie mit ihm zum ersten Mal einen neuen Ort besuchen, sei es das Trainingsgelände einer Hundeschule oder eine Wohnung von Freunden, die er noch nicht kennt. Lassen Sie ihn in aller Ruhe die neue Umgebung erkunden. Lassen Sie ihn sich umschauen, schnüffeln und durch den Raum gehen, wenn er dies möchte. Nur wenn er diesen neuen Ort kennen gelernt hat, wird er sich dort sicher und wohl fühlen. Bieten Sie ihm eventuell seine ihm vertraute Decke oder Ihre Jacke zum Hinlegen an, ohne ihm jedoch das Kommando zum Ablegen zu geben. Lassen Sie ihn selbst entscheiden, ob er sich hinlegen möchte oder nicht.

- Denken Sie daran, wie Sie sich verhalten würden, wenn Sie an einen Ihnen fremden Ort kommen. Nehmen Sie zum Beispiel an, Sie würden zu einem Seminar fahren. Schon bei der Anreise machen Sie sich Gedanken darüber, ob Sie wohl alles finden werden, ob Ihre Reservierung auch wirklich geklappt hat und auf welche Menschen Sie dort wohl treffen werden. Sie merken, dass Sie leicht nervös sind. Schließlich kommen Sie an und betreten den Raum, in dem die Veranstaltung stattfinden wird. Es sind schon einige andere Teilnehmer da, von denen Sie niemanden kennen. Alles ist neu und fremd. Was tun Sie? In der Regel werden Sie sich erst einmal etwas umschauen, um die Umgebung zu erkunden. Sie werden vielleicht versuchen herauszubekommen, wo Ihr Zimmer und die Toiletten sind. Sollte es einen kleinen Verkaufsstand geben, werden Sie sich dort umsehen. Eventuell kommen Sie dabei mit jemandem ins Gespräch und schon fühlen Sie sich etwas vertrauter und wohler. Wenn Sie nun noch einen Stuhl mit Ihrem Namensschild entdecken, gibt Ihnen das Sicherheit, denn nun wissen Sie, wo Sie sitzen werden und dass man Sie auch wirklich erwartet. Die erste Aufregung verfliegt. An den kommenden Seminartagen wird Ihnen die Umgebung immer vertrauter und Sie steuern schon ganz selbstverständlich Ihren Sitzplatz an. Die Situation hat sich geklärt und entspannt.

- Sollten Sie ein Seminar, ein Restaurant oder Ähnliches mit Ihrem Hund gemeinsam besuchen, lassen Sie ihn selbst wählen, ob er sitzen, liegen oder stehen möchte. So ist es für Ihren Hund möglich, die für ihn bequemste Position einzunehmen. Verlangen Sie nicht, dass er dauernd Kommandos wie „sitz" oder „Platz" ausführt. Kontrollieren Sie sich selbst, wie oft Sie, vielleicht ganz in Gedanken, etwas von ihm verlangen, und ziehen Sie die Bremse, wenn es zu viel wird. Verhält sich Ihr Hund unruhig, versucht er auszuweichen oder schaut er oft zur Ausgangstür, so ist dies ein sicheres Zeichen dafür, dass es ihm zu viel wird.

- Ihr Hund sollte die Möglichkeit haben, sich zu lösen, wenn er dies muss.

- Nach aufregenden Unternehmungen sollten Ruhephasen folgen.

- Bei Hunden, die gestresst sind, weil sie sich vor etwas fürchten, achten Sie darauf, dass der Hund ausreichenden Sicherheitsabstand zu dem Angst auslösenden Lebewesen oder Gegenstand einhalten kann. Dieser Abstand kann unter Umständen sehr groß sein. Geben Sie Ihrem Hund unbedingt die Gelegenheit, das ihn beängstigende „Etwas" im Auge zu behalten. Stellen Sie sich vor, Sie müssten in einem Raum mit etwas sein, das Ihnen Angst macht. Würden Sie nicht in jedem Fall versuchen, es im Auge zu behalten? Wäre es Ihnen nicht wichtig zu wissen, wo es sich befindet? Würden Sie nicht wissen wollen, ob und, falls ja, mit welcher Geschwindigkeit es sich nähert?

- Führen Sie Rituale ein, die Ihrem Hund Sicherheit geben, weil er weiß, welcher Handlungsablauf nun folgt.

- Achten Sie darauf, die Leine locker zu halten. Eine straff und sehr kurz gehaltene Leine stresst den Hund zusätzlich. Er spürt nicht nur den unangenehmen Zug, sondern hat gleichzeitig auch noch das Gefühl, nicht ausweichen zu können. Auch das Tragen eines Brustgeschirres ist beinahe allen Hunden angenehmer als das Tragen eines Halsbandes.

- Zeigen Sie Ihrem Hund, dass Sie die Situation im Griff haben und notfalls auch schützend vor ihm stehen. Geben Sie ihm das Gefühl, dass Sie die Verantwortung übernommen haben und er sich auch ruhig hinter Ihnen verstecken darf, wenn er sich fürchtet. Helfen Sie ihm aus Situationen heraus, die ihn überfordern. Mit anderen Worten: Verhalten Sie sich so, wie es gute Eltern gegenüber ihren Kindern tun würden. Natürlich sollen Sie Ihren Hund nicht übermäßig behüten, aber hat er einmal gelernt, dass er sich auch in schwierigen Momenten auf Sie verlassen kann, wird ihm das sehr viel Sicherheit geben.

- Sprechen Sie mit ruhiger, sanfter und freundlicher Stimme mit Ihrem Hund.

- Gewöhnen Sie ihn schrittweise an Situationen, die in Ihrem Alltagsleben vorkommen, wie zum Beispiel das Mitfahren im Auto, der Besuch beim Tierarzt, die Mitnahme ins Büro usw. Beachten Sie aber, dass Sie in Ihren eigentlich gut gemeinten Bemühungen den Hund nicht mit Reizen überfluten.

- Grundsätzlich gilt immer: weniger ist mehr. Wenn Sie sich nicht sicher sind, ob es für Ihren Hund zu viel wird oder nicht, beenden Sie das Training oder die Situation.

- Schaffen Sie Gelegenheit für Erfolg und Belohnung! Es liegt an Ihnen, Situationen so zu planen und zu steuern, dass Ihr Hund von einem kleinen Erfolg zum nächsten gehen kann.

- Wenn Sie mit Ihrem Hund spielen, achten Sie darauf, dass er sich nicht hochpowert. Ruhigere Aktivitäten wie zum Beispiel das gemeinsame Erkunden eines Geländes oder Suchspiele, bei denen der Hund seine Nase einsetzen kann, sind hierfür besser geeignet als hektische Beutefangspiele.

- Erwarten Sie weder von sich noch von Ihrem Hund zu viel auf einmal!

DANK

Unser besonderer Dank gilt allen Hunden, von denen wir im Training und während endloser Beobachtungsstunden gelernt haben, und Turid Rugaas, die uns viele Denkanstöße in Sachen Hund gab und uns für das Thema Stress sensibilisierte. Mit ihr gemeinsam entstand die Idee zu diesem Buch.

Außerdem danken wir unseren zwei- und vierbeinigen Familienmitgliedern für ihr Verständnis, wenn wir uns wieder mal für Stunden im Büro vergraben hatten, um an diesem Skript zu arbeiten.

Martina Scholz & Clarissa v. Reinhardt
Bernau im Februar 2012

LITERATURHINWEISE/ QUELLENNACHWEISE

Turid Rugaas, Calming Signals – Die Beschwichtigungssignale der Hunde,
animal learn Verlag, Grassau 2001, ISBN 978-3-936188-01-1

G.P. Moberg and J.A. Mench, The biology of animal stress –
basic principles and implications for animal welfare,
CABI Publishing, ISBN 0 851 99 359 1

Anders Hallgren, Hundeprobleme – Problemhunde
Oertel + Spörer, Reutlingen 1993, ISBN 3-88627-127-7

B.W. Knol, Stress and the hypothalamus pituitary testis system: a review,
University of Utrecht 1989

B.W. Knol, Behaviour problems in dogs: a review of problems, diagnosis,
therapeutic measures and results in 133 patients,
in: Veterinary Quarterly 1987, No. 9, page 226 - 234

B.W. Knol, Influence of stress on the motivation for agonistic behaviour
in the male dog, 1988

Dietmar Juli und Maren Engelbrecht-Greve, Stressverhalten ändern lernen –
Programm zum Abbau psychosomatischer Krankheitsrisiken,
Rowohlt Taschenbuch Verlag, Reinbek 1991, ISBN 3-499-17193-7

Gerald Hüther, Biologie der Angst. Wie aus Stress Gefühle werden,
Vandenhoeck & Ruprecht, 2011, ISBN 978-3525014-39-4

Brockhaus Enzyklopädie in 24 Bänden,
F. A. Brockhaus Verlag Mannheim, 19. Auflage, ISBN 3-7653-1100-6

Pschyrembel, Klinisches Wörterbuch,
Walter de Gruyter GmbH, Berlin, 255. Auflage, ISBN 3-1100-7916-X

STICHWORTVERZEICHNIS